COLEÇÃO
POCKET BOOK
THEREZA NAHAS
COORDENADORA

COLEÇÃO
POCKET BOOK
THEREZA NAHAS
COORDENADORA

LUIZ EDUARDO GUNTHER
MARCO ANTÔNIO CÉSAR VILLATORE

LIMITES DO PODER EMPRESARIAL

MATRIOSKA
EDITORA

Publisher – Editorial: Luciana Félix
Publisher – Comercial: Patrícia Melo
Coordenação editorial da coleção: Ana C. Moura
Copidesque e preparação de texto: Renato Mello Medeiros
Revisão: Equipe Matrioska Editora
Editoração e capa: Marcelo Correia da Silva

Matrioska Editora
Atendimento e venda direta ao leitor:
www.matrioskaeditora.com.br
contato@matrioskaeditora.com.br
facebook.com/matrioskaeditora
instagram.com/matrioskaeditora

Dados Internacionais de Catalogação na Publicação (CIP)
(Câmara Brasileira do Livro, SP, Brasil)

Gunther, Luiz Eduardo
Limites do poder empresarial / Luiz Eduardo Gunther, Marco Antônio César Villatore. -- São Paulo : Matrioska Editora, 2022. -- (Coleção pocket book / Thereza Nahas, coordenadora)

Bibliografia.
ISBN 978-65-86985-73-3

1. Direito à informação 2. Direito do trabalho 3. Direitos fundamentais 4. Personalidade (Direito) 5. Proteção de dados - Leis e legislação 6. Relações de trabalho I. Villatore, Marco Antônio César. II. Título. III. Série.

22-119915 CDU-34:331:342.721

Índices para catálogo sistemático:

1. Direito do trabalho : LGPD : Direito à privacidade 34:331:342.721

Cibele Maria Dias - Bibliotecária - CRB-8/9427

Impresso no Brasil
2022

Os Autores

Luiz Eduardo Gunther

Professor dos Programas de Graduação e de Pós-graduação (Mestrado e Doutorado) em Direito do Centro Universitário Curitiba – UNICURITIBA. Desembargador do Trabalho do TRT 9. Membro da Academia Brasileira de Direito do Trabalho. E-mail: luizgunther@uol.com.br. Lattes: http://lattes.cnpq.br/1314611892212586. Orcid: https://orcid.org/0000-0001-7920-3406.

Marco Antônio César Villatore

Professor Concursado Permanente dos Programas de Graduação e de Pós-graduação (Mestrado e Doutorado) em Direito da UFSC. Coordenador da Especialização em Direitos e Processos do Trabalho e Previdenciário da Academia Brasileira de Direito Constitucional (ABDConst). Advogado. Membro da Academia Brasileira de Direito do Trabalho (ABDT). E-mail: marcovillatore@gmail.com. Lattes: http://lattes.cnpq.br/6658857270253086. Orcid: https://orcid.org/0000-0001-6365-6283.

Apresentação da Série

A coleção Pocket-book chega ao leitor com a intenção de proporcionar uma ferramenta de trabalho e conhecimento que permita a consulta rápida, inteligente e com a qualidade que o modelo da tecnologia atual exige.

Os temas monográficos e a diversidade de autores e pensamentos evitam que a velocidade das alterações legislativas, jurisprudenciais, políticas e sociais possam comprometer a atualidade das obras.

O formato praticamente 100% digital do conteúdo (com impressões esporádicas e sob demanda) viabiliza as atualizações constantes e necessárias para a compreensão dos temas propostos.

O mundo em constante transformação, a aceleração da tecnologia da informação e da comunicação e os vários instrumentos normativos que surgem nos diferentes países impactando, inclusive, a zona de conforto que cada um de nós vive, requer atualizações mais dinâmicas e intercâmbios culturais, políticos, jurídicos e sociais. O mundo não tem fronteiras e reclama que cada um possa ir mais além, justamente pela união dos povos e a cooperação transnacional.

Vivemos no século da sociedade do conhecimento, fundamento este de cada Pocket-book que o leitor poderá absorver!

Thereza Nahas

Coordenadora e autora

Apresentação

Este estudo está dividido em capítulos que abordam o importante assunto dos limites do poder empresarial, iniciando com o direito à informação, primordial neste momento da pandemia da Covid-19, ligando-o à proteção de dados, tornando-se vitais para que o trabalhador tenha pelo menos o básico de garantias.

Com os supracitados direitos primordiais garantidos, pudemos seguir para o não menos importante direito à privacidade e à intimidade na relação de trabalho, demonstrando a diferença entre ambas, além das consequências em responsabilidade dos empregadores.

A negociação coletiva é uma das formas mais concretas para se chegar a uma limitação mais tranquila do poder do empregador, principalmente se realizada em Acordo Coletivo de Trabalho e se utilizando do Princípio da Fraternidade, ou seja, sem o intuito de ganhar sempre, de ambos os lados.

Por fim, não poderíamos finalizar este trabalho sem analisar a questão processual e os Direitos Fundamentais, não somente em relação ao tempo para a solução, muito mais ágil após a utilização do PJe e transformada nas Audiências e Sessões de Julgamento “on-line”, mas também que proporciona uma publicitação de dados que podem ser utilizados por terceiros, inclusive na escolha de novos empregados ou não.

Esperamos que os leitores deste trabalho tenham a ampla noção dos limites dos empregadores e que os problemas sejam solucionados rapidamente para que a dignidade do trabalhador seja encontrada da forma mais rápida e simples possível.

Os autores

Primavera de 2021

1 - PRIVACIDADE E PROTEÇÃO DE DADOS 1

1.1 Introdução 1
1.2 Os organismos internacionais e o coronavírus quanto ao direito de informação e ao direito do trabalho 2
1.3 O direito à informação e o dever de informar nas negociações coletivas de trabalho 6
1.4 A proteção de dados e o direito à informação em tempos de coronavírus.... 11
1.5 Privacidade e direitos da personalidade 16
1.6 Considerações finais 20

2 - OS DIREITOS À INTIMIDADE E À PRIVACIDADE NAS RELAÇÕES DE TRABALHO 21

2.1 Significados da vida pública e privada 21
2.2 Diferenciações entre as palavras privacidade e intimidade 26
2.3 Os direitos fundamentais e da personalidade e os direitos à privacidade e à intimidade 31
2.4 Consequências das violações aos direitos à privacidade e à intimidade no âmbito das relações entre empregados e empregadores 35
2.5 Considerações finais 44

3 - A NEGOCIAÇÃO COLETIVA DO TRABALHO COMO DIREITO FUNDAMENTAL: NECESSIDADE DE AFIRMAÇÃO DA TUTELA DOS DIREITOS DA PERSONALIDADE NA ATIVIDADE EMPRESARIAL MUNDIALIZADA 47

3.1 Introdução – o fenômeno democrático da negociação coletiva no capitalismo mundializado 47
3.2 A dinâmica da Organização Internacional do Trabalho 56
3.3 O confronto do exercício sindical com a atividade empresarial mundializada 58
3.4 Declaração de princípios da OIT sobre as empresas multinacionais e a política social 61
3.5 A Declaração Sociolaboral do Mercosul 62
3.6 O dumping social diagnosticado mas não solucionado 65
3.7 A negociação coletiva no Mercosul 66
3.8 Os fatores que aumentam ou diminuem a possibilidade da negociação coletiva internacional 68

Sumário

3.9 A imponderabilidade quanto ao futuro – um enigma a ser decifrado – a viabilidade da proteção dos direitos de personalidade via negociação coletiva 71

4 - O PROCESSO ELETRÔNICO SOB A ÓTICA DOS DIREITOS FUNDAMENTAIS 74

4.1 O tempo e o processo 74
4.2 As características do processo eletrônico (vantagens e desvantagens) 82
4.3 A necessidade de garantir a observância dos direitos fundamentais 90

REFERÊNCIAS 99

PRIVACIDADE E PROTEÇÃO DE DADOS

1.1 Introdução

Estamos no meio de um furacão. O ano de 2020 iniciou com grandes preocupações relativamente ao vírus que vinha da China. Em pouco tempo espalhou-se pela Europa, Estados Unidos, tantos outros países e, finalmente, pelo Brasil.

Há uma contagem diária de infectados, de mortos e de quem sobreviveu à COVID-19. Quanto tempo teremos de conviver com os distanciamentos das pessoas e paralisação dos serviços, da atividade econômica, ninguém sabe.

Chegamos no mês de maio e todas as consequências da pandemia reconhecida são enigmas a serem decifrados.

Dentro de um quadro de incertezas como o que vivemos, falar do direito à informação, do dever à informação, e do Direito do Trabalho, é essencial para a sobrevivência civilizada da nossa sociedade.

Nesse campo se consideram essenciais os organismos internacionais, especialmente as Organizações Mundial da Saúde e Internacional do Trabalho, para verificar as orientações e normatizações a respeito do coronavírus e a Covid-19.

Na área do Direito do Trabalho, um aspecto pouco lembrado é a exigência do direito à informação e, também, do dever de informação nas negociações coletivas. Examina-se o papel das entidades sindicais, empresas e trabalhadores nesse tema da informação quando se enfrentam questões laborais coletivas.

Por outro lado, a proteção de dados e o direito à informação, nessa época de pandemia, tornam-se vitais para que o trabalho humano possa ter um mínimo de garantias.

1.2 Os organismos internacionais e o coronavírus quanto ao direito de informação e ao direito do trabalho

Nos primeiros meses do ano de 2020 fomos literalmente bombardeados com informações sobre o coronavírus e a Covid-19. Diariamente notícias sobre o alastramento das pessoas infectadas e de mortes passaram a ser divulgadas.

Naturalmente, os juristas passaram a interpretar o fenômeno e os legisladores a criar normas a respeito. Começaram a surgir palavras nunca antes ditas, pelo menos não com tanta intensidade.

Além de coronavírus e Covid-19, o que mais se ouviu (e ainda ouve) são: isolamento social, horizontal, vertical e flexível; epidemia e pandemia; quarentena; *lockdown*; uso de máscara; contágio; evitar o contato; lavar as mãos; álcool em gel; não cumprimentar com as mãos; não abraçar; ficar em casa.

Não estamos em guerra tradicional, mas estamos em período de emergência, onde a saúde pública passa a ser a notícia do dia.

Os trabalhadores da saúde (médicos, enfermeiros, fisioterapeutas, entre outros) passaram a ter evidência, e algumas expressões antes nunca ouvidas passaram a ser mencionadas: médicos infectologistas, epidemiologistas, pneumologistas, microbiologistas. Como antes nunca se viu, covas sendo abertas para enterros sem contato, cidades sem carros nas ruas.

No direito, os juristas passaram a descrever as consequências do fenômeno e *lives*, muitas *lives*, passaram a ser feitas para informar e discutir o problema.

Essa imensa quantidade de informações passou a ser denominada de "infodemia", afirmando-se que nós todos estaríamos "infoxicados".

Conforme declarado pela Organização Mundial da Saúde (OMS), o surto da Covid-19 e a resposta a ela têm sido acompanhados por uma enorme infodermia, isto é, um excesso de informações, algumas precisas e outras não, o que torna difícil encontrar fontes idôneas e orientações confiáveis quando se precisa.

Surge, então, o termo "infoxicado". A epidemia de informações do nosso século se potencializou pela pandemia da Covid-19. Em tempos de isolamento social, ficamos emparedados por informações atualizadas a cada minuto: discursos, ideias, conceitos científicos, mudam em um piscar de olhos sem que haja tempo hábil para assimilação. A cabeça dói, pois foi "infoxicada". O neologismo representa uma quantidade de informações muito maior do que uma pessoa pode processar e os efeitos são, entre outros, depressão, estresse e ansiedade[1].

Nesse grande acúmulo de informações surge o papel importante das Organizações Internacionais, como a Organização Mundial da

[1] NAHMIAS MELO, Sandro. Nós estamos "infoxicados". *Revista Consultor Jurídico – CONJUR*. 30/04/2020. Disponível em https://www.conjur.com.br/2020-abr-30/sandro-nahmias-melo-estamos-todos-infoxicados. Acesso em: 1º out. 2021.

Saúde (OMS) e Organização Internacional do Trabalho (OIT), entre outras.

Primeiro a OMS declarou (em 30/01/2020) que a epidemia de um novo coronavírus era uma emergência de saúde internacional. Reconheceu, desse modo, que o vírus representava um risco para o mundo todo[2].

Depois, a OMS declara a pandemia do coronavírus, com disseminação por mais de cem países em todos os continentes. A diferença com a epidemia é que esta dissemina-se por um país em particular e a pandemia é o espalhamento geográfico de uma doença em muitas áreas, muitos continentes[3].

Quais são os efeitos jurídicos das Recomendações da OMS? No Brasil questiona-se esse aspecto para dar ou não seguimento às orientações dessa entidade internacional. Recomendações não são Tratados, mas orientações, que, embora facultativas, possuem tamanho peso técnico-científico que praticamente "têm força de lei", amarrando as instâncias administrativas e a controladoria judicial. Nas palavras de Rafael Soares Souza, "*ignorá-las num arroubo voluntarista seria uma temeridade, com consequências funestas para a autoridade decisora*"[4].

Quando se trata de aspectos envolvendo o trabalho, os trabalhadores, as empresas, e as repercussões dessa doença, quem melhor tem condições de apresentar instruções e normas a respeito

---

[2] OMS declara emergência de saúde internacional por novo coronavírus. *Folha de São Paulo* de 31/01/2020, p. B1.

[3] OMS..., 2020.

[4] SOUZA, Rafael Soares. Qual o valor jurídico das recomendações da Organização Mundial da Saúde? *Revista Consultor Jurídico – CONJUR*, de 14/04/2020. Disponível em: https://www.conjur.com.br/2020-abr-27/direito-pos-graduacao-qual-valor-juridico-recomendacoes-oms-pandemia. Acesso em: 1º out. 2021.

é a Organização Internacional do Trabalho (OIT), que completou 100 anos de existência e atividades em 2019.

As normas internacionais do trabalho contêm orientações especificas para orientar que exista trabalho decente no contexto da resposta à crise, o que inclui orientações que guardam relações com o surgimento atual da Covid-19. Uma das normas internacionais mais recentes, a Recomendação sobre o emprego e o trabalho decente para a paz e a resiliência, de 2017 (número. 205), que foi adotada por esmagadora maioria, enfatiza que para responder às crises é necessário assegurar o respeito de todos os direitos humanos e o império da lei, incluindo o respeito dos princípios e direitos fundamentais no trabalho e das normas internacionais do trabalho[5].

Para a OIT, ainda, os empregadores têm a responsabilidade de proporcionar informação adequada e uma formação apropriada no âmbito da saúde e segurança do trabalho (Convenção 155, art. 19, *c* e *d*) de consultar aos trabalhadores sobre aspectos de segurança e saúde do Trabalho relacionados com seu trabalho (art. 19, '*e*', da Convenção 155); de prever medidas para fazer frente às situações de urgência (art. 18 da Convenção 155); e de notificar os casos de enfermidade profissional à inspeção do trabalho (art. 14 da Convenção 81)[6].

A Corte Interamericana de Direitos Humanos adotou a declaração intitulada "Covid-19 e Direitos Humanos", na qual enfatiza que:

> O acesso à informação verdadeira e confiável, assim como à internet, é essencial. Medidas adequadas devem ser tomadas para garantir

---

[5] OIT. *Las normas de la OIT y el COVID-19 (coronavírus)*. p. 5/6. Disponível em: https://www.ilo.org/global/standards/WCMS_739939/lang--es/index.htm. Acesso em: 1º out. 2021.

[6] Ibidem, p. 14. Disponível em https://www.ilo.org/global/standards/WCMS_739939/lang--es/index.htm. Acesso em: 1º out. 2021.

> que o uso da tecnologia de vigilância, para monitorar e rastrear a disseminação do coronavírus COVID-19 seja limitado e proporcional às necessidades de saúde, e não envolva uma interferência desmedida e lesiva à privacidade, à proteção de dados pessoais e à observância ao princípio geral de não discriminação;[7]

As orientações emanadas desses organismos internacionais (OMS, OIT, CIDH) devem ser obedecidas, na medida do possível, para estabilizar as relações de trabalho no Brasil.

1.3 O direito à informação e o dever de informar nas negociações coletivas de trabalho

Não há qualquer dúvida que, no capitalismo, as negociações coletivas de trabalho devem não só ser reconhecidas, mas também incentivadas. Consideram-se oportunidades importantes em que os entes coletivos que representam os trabalhadores (entidades sindicais obreiras) podem sentar-se à mesa de negociação e discutirem, de igual para igual, com os entes coletivos empresariais (empresas, sindicatos patronais), a melhoria das condições de trabalho dentro da empresa.

É possível reconhecer na doutrina do Direito Coletivo do Trabalho o princípio do direito à informação como um dos mais relevantes.

João de Lima Teixeira Filho registra princípios marcantes das negociações coletivas, ressaltando que esse rol não exclui a existência de outros. Os princípios que reconhece como devidos à negociação coletiva são os seguintes: inescusabilidade negocial; boa-fé; direito de informação; razoabilidade e paz social. Ao tratar

---

[7] SANTOS, Rafa. Corte Interamericana pede defesa dos direitos humanos durante a pandemia. *Revista Consultor Jurídico – CONJUR*, de 14/04/2020. Disponível em https://www.conjur.com.br/2020-abr-14/corte-interamericana-defesa-direitos-humanos-pandemia. Acesso em: 1º out. 2021.

do direito de informação, como princípio da negociação coletiva, assevera que "*a informação faz parte da natureza mesma do processo de entendimento*"[8]. Como esclarece o autor no seu texto, para que a pauta de reivindicações possa ser adequadamente formulada, "*os pleitos devem ser substanciados a fim de permitir a compreensão de suas razões, contrapostas, ou esclarecimentos, e dar início à negociação*"[9].

Ao lado de um direito à informação, é possível, também, falar em um dever de informação. Segundo esse princípio (dever de informação) as partes se prestarão reciprocamente as informações necessárias à justificação de suas propostas e respostas. Não há dúvida que o princípio interessa mais à representação dos empregados, pois esta habitualmente sente forte carência de dados a respeito da situação econômica, financeira e comercial da empresa. Naturalmente surgem resistências patronais, "mas as informações pertinentes, direta ou indiretamente, à negociação, não podem ser negadas sem que se caracterize má-fé do negociador"[10].

Esse dever de informação pela empresa e direito à informação pelos empregados, quando da negociação coletiva, deve ser mais bem explicitado. Parece sensato que sejam conhecidas as reais condições econômico-financeiras da empresa ou dados do segmento econômico e sua capacidade de conceder determinados pleitos que os representados julgam cabíveis. Entretanto, essas informações devem ser prestadas não apenas nos momentos de dificuldade financeira (para gerar medidas de superação da crise via negociação coletiva), mas, também,

---

[8] TEIXEIRA FILHO, João de Lima. Negociação coletiva de trabalho. *In:* SÜSSEKIND, Arnaldo et al. *Instituições de Direito do Trabalho*. 21. ed. atual. São Paulo: LTr, 2003. (p. 1166/1205), p. 1.185.

[9] TEIXEIRA FILHO, 2003.

[10] BERNARDES, Hugo Gueiros. Princípios da negociação coletiva. *In:* TEIXEIRA FILHO, João de Lima (Coord.). *Relações coletivas de trabalho*: estudos em homenagem ao Ministro Arnaldo Süssekind. São Paulo: LTr, 1989. (p. 357/370). p. 361/362.

sempre, nas épocas de prosperidade. Dois cuidados devem ser tomados a esse respeito, porém: a) não é crível o empregador adotar atitude de recusa às reivindicações escudando-se em informações pretensamente secretas; b) mas, também, não é possível que informações estratégicas possam colocar a empresa em risco a pretexto de terem que ver com o processo negocial[11].

A Organização Internacional do Trabalho, sobre essa temática, editou a Recomendação 163, "Sobre a Promoção da Negociação Coletiva" (art. "7.2.a"), na qual estabelece que os empregadores, a pedido da organização de trabalhadores, devem pôr à sua disposição informações sobre a situação econômica e social da unidade negociadora e da empresa em geral, se necessárias, para negociações significativas. Portanto, essas informações devem ser *necessárias*. Por outro lado, pode-se exigir a *confidencialidade* da informação, isto é: "no caso de vir a ser prejudicial à empresa a revelação de parte dessas informações, sua comunicação pode ser condicionada ao compromisso de que será tratada como confidencial na medida do necessário"[12].

Como assinala, com precisão, João de Lima Teixeira Filho, a informação deve guardar pertinência à negociação e às matérias que nesse campo serão debatidas, e "o direito de informação não pode servir de escape para, de alguma maneira, frustrar o entendimento direto[13].

O Conselho de Administração da Repartição Internacional do Trabalho da OIT, em 1977 (com a emenda de 2000), adotou a Declaração Tripartite de Princípios sobre as Empresas Multinacionais e a Política

---

[11] TEIXEIRA FILHO, João de Lima. Ob. cit., p. 1.185/1.186.

[12] SCALÉRCIO, Marcos; MINTO, Túlio Martinez. *Normas da OIT Organizadas por temas.* São Paulo: LTr, 2016. p. 377/378.

[13] TEIXEIRA FILHO, cit., p. 1.186.

Social. No título que trata da negociação coletiva, item 7, sugere às empresas multinacionais (deveriam!):

> proporcionar aos representantes dos trabalhadores as informações necessárias à celebração de negociações eficazes com a entidade em questão e, de conformidade com a legislação e as práticas locais, deveriam também proporcionar informações para que os trabalhadores possam dispor de dados adequados e fidedignos sobre as atividades da unidade em que trabalham ou, quando apropriado, do conjunto da empresa[14].

Digna de menção, ainda, é a Recomendação 129 da OIT, sobre as comunicações entre a direção e os trabalhadores dentro da empresa, de 1967. Merece especial atenção o artigo "15.1", ao estabelecer que as informações sejam fornecidas pela direção e que deveriam se dirigir, segundo sua natureza, aos representantes dos trabalhadores e aos membros do pessoal, e compreender, na medida do possível, todas as questões de interesse para os trabalhadores que se refiram à marcha e perspectivas futuras da empresa e à situação presente e futura dos trabalhadores, na medida em que a revelação das informações não cause prejuízo às partes[15].

Em dissertação apresentada ao Programa de Pós-Graduação em Direito pela Faculdade de Direito da Universidade Federal da Bahia, em março de 2011, Ícaro de Souza Duarte estudou o tema do "reconhecimento do direito de informação na negociação coletiva

---

[14] GUNTHER, Luiz Eduardo. *A OIT e o Direito do Trabalho no Brasil*. Curitiba: Juruá, 2013. p. 184/190.

[15] SERVAIS, Jean-Michel. *Derecho Internacional del Trabajo*. Buenos Aires: Heliasta, 2011. p. 124.

como decorrência da aplicação do princípio da boa-fé objetiva"[16]. Nesse importante estudo, o autor procurou evidenciar o reconhecimento do direito de informação na negociação coletiva como decorrência da aplicação do princípio da boa-fé objetiva. Tanto trabalhadores quanto empregadores necessitam, no âmbito da negociação coletiva, informações sobre os fatos e acontecimentos que se relacionam aos interlocutores sociais, para que a negociação seja frutífera. A elaboração de estratégias e o manejo de argumentos racionais e lógicos dependem do domínio e conhecimento adequado dos temas e matérias objeto da negociação, para as quais é vital a informação[17].

Considera-se, assim, que o princípio da boa-fé objetiva representa fonte originária do dever de informar, atuando nas fases pré-contratual, de execução contratual e pós-contratual, garantindo, dessa forma, o exercício de liberdade negocial entre o sindicato profissional e determinada empresa ou grupo de empresas, ou mesmo o sindicato econômico da categoria. Torna-se desse modo inquestionável afirmar-se que o dever de informação possibilita uma negociação mais justa, consciente, ou seja,

> que protege a saúde, a integridade, a segurança da categoria de trabalhadores envolvida, e direciona para as consequências econômicas que a relação laboral pode acarretar, isto é, melhores condições de trabalho, com a certeza de que se fez a melhor negociação[18].

---

[16] DUARTE, Ícaro de Souza. O reconhecimento do direito de informação na negociação coletiva como decorrência da aplicação do princípio da boa-fé objetiva. 2011. Disponível em: https://repositorio.ufba.br/ri/handle/ri/10769. Acesso em: 1º out. 2021.

[17] DUARTE, 2011, p. 208.

[18] DUARTE, 2011, p. 209/210.

Em tempos de pandemia do novo coronavírus fica evidente o quanto é importante aplicar-se o princípio do direito à informação, com seu correspondente dever de informação. No âmbito das negociações coletivas, como se pode assinalar, o direito à informação é essencial para a continuidade empresarial e preservação dos empregos, atentando-se para a função social da propriedade, do contrato e da empresa.

Vamos agora analisar o impacto jurídico que a pandemia do coronavírus gera na proteção dos dados e no direito à informação.

1.4 A proteção de dados e o direito à informação em tempos de coronavírus

Ao estudarmos o direito à informação, em nossos dias, surge como um tema essencial a proteção de dados. Essa expressão surge simultaneamente com a evolução da tecnologia, que passa a captar, guardar e difundir informações através da internet, computadores e celulares, por exemplo.

No Brasil, em 2018, editou-se a Lei nº. 13.709, denominada "Lei Geral de Proteção de Dados Pessoais – LGPD", que dispõe sobre o tratamento de dados pessoais, inclusive nos meios digitais, por pessoa natural ou pessoa jurídica de direito público ou privado, com os objetivos expressos de proteger: a) os direitos fundamentais de liberdade e de privacidade; b) e o livre desenvolvimento da personalidade da pessoa natural[19].

Na obra *21 lições para o Século 21*, Yuval Noah Harari afirma, no capítulo que trata do tema da igualdade, que os donos dos dados são os donos do futuro e indaga: quem é o dono dos dados? Assevera

---

[19] RAMOS, André de Carvalho. *Curso de Direitos Humanos*. 6. ed. São Paulo: Saraiva, 2019. p. 718.

que, se quisermos evitar a concentração de toda riqueza e de todo o poder nas mãos de uma pequena elite, a chave é regulamentar a propriedade dos dados. Em sua opinião, no século XXI os dados vão suplantar tanto a terra quanto a maquinaria como o ativo mais importante, e a política será o esforço por controlar o fluxo de dados. Se os dados se concentrarem em poucas mãos, o gênero humano se dividirá em espécies diferentes[20].

Pode-se inferir desse pensamento que a desigualdade entre as pessoas poderá se acentuar ainda mais, se providências não forem tomadas quanto ao controle de dados.

Como se pode entender aquilo que se denomina “proteção de dados”? Segundo Stefano Rodotá, proteção de dados é uma expressão de liberdade e dignidade pessoais, e como tal, não se deve tolerar que um dado seja usado de modo a transformar um indivíduo em objeto sob vigilância constante[21].

Como podem classificar-se as técnicas de controle das mensagens? Segundo Pierre Lévy, em seu livro *A inteligência Coletiva*, essas técnicas podem classificar-se em três grupos principais: somáticas, midiáticas e digitais. As *técnicas somáticas* implicam a presença efetiva, o engajamento, a energia e a sensibilidade do corpo para a produção de signos. As *tecnologias midiáticas* fixam e reproduzem as mensagens a fim de assegurar-lhes maior alcance, melhor difusão no tempo e espaço. O *sistema digital* autoriza a fabricação de mensagens,

---

[20] HARARI, Yuval Noah. *21 lições para século 21*. Tradução Paulo Geiger. São Paulo: Companhia das Letras, 2018. p. 105/107.

[21] RODOTÁ, Stefano. *A vida na sociedade da vigilância:* a privacidade hoje. Organização, seleção e apresentação de Maria Celina Bodin de Moraes. Tradução Danilo Doneda e Luciana Cabral Doneda. Rio de Janeiro: Renovar, 2008. p. 19.

sua modificação e mesmo a interação com elas, átomo de informação por átomo de informação, *bit* por *bit*[22].

A expressão "modernidade líquida", cunhada por Zygmunt Bauman, serviu-lhe para falar também sobre a vigilância líquida. Explicita esse autor que, muitas vezes essa vigilância ocorre pela necessidade que as pessoas têm de se fazerem notar. Numa frase famosa, Hegel definiu a liberdade como uma necessidade aprendida e reconhecida. A paixão por se fazer registrar é um exemplo importante, talvez o mais gritante, dessa regra hegeliana em nossos tempos, nos quais a versão atualizada e ajustada do *cogito* de Descartes seria "sou visto (observado, notado, registrado), logo existo". Conforme a interpretação desse autor:

> A internet veio para substituir o trabalho e erguer-se e sair da invisibilidade e do esquecimento, e assim reivindicar um lugar num mundo reconhecidamente estranho e inóspito, quebrando garrafas ou gargalos[23].

Nesse tema de proteção dos dados, normalmente ingressa o consentimento dos interessados, sua necessidade e limites, e, também, o controle das próprias informações. Stefano Rodotá assinala que o problema dos excessos na coleta de informações e dos abusos na sua utilização pode ser enfrentado com técnicas que não confiem somente no consentimento dos interessados. Na sociedade da informação, de maneira geral, tendem a prevalecer definições funcionais da

---

[22] LÉVY, Pierre. *A inteligência coletiva.* Tradução de Luiz Paulo Rouanet. São Paulo: Folha de São Paulo, 2015. p. 49/51.

[23] BAUMAN, Zygmunt. *Vigilância líquida.* Trad. Carlos Alberto Medeiros. Rio de Janeiro: Zahar, 2013. p. 120/121.

privacidade que, de diversas formas, fazem referência à possibilidade de um sujeito conhecer, controlar, endereçar e interromper o fluxo das informações a ele relacionadas. Assim a privacidade pode ser defendida, mais precisamente, como o direito de manter o controle sobre as próprias informações[24].

Na época em que vivemos, intensamente, os reflexos da pandemia do novo coronavírus, como pode-se dar a proteção dos dados? Segundo Danilo Doneda, o papel das legislações de proteção de dados na garantia de liberdades individuais e coletivas ganha relevância fundamental, diante do risco de que novos usos de dados derivem para interesses não relacionados ao combate à doença. Para esse estudioso do tema:

> Em uma crise aguda como a da atual pandemia do covid-19, os dados pessoais são elementos essenciais para modelar e executar políticas públicas de contenção e controle do vírus, bem como para tornar possível que a pesquisa científica proporcione os melhores resultados no menor período de tempo[25].

Deve-se fazer, contudo, um importante alerta, na esteira do que disse Gabriela Zanfir-Fortuna, especialista em proteção de dados, ao Jornal *Folha de São Paulo*, em entrevista recente. Segundo ela, o combate à Covid-19 criará sociedade rastreada como nunca. Por isso considera que existem muitos riscos e preocupações. Como, por exemplo, garantir que informações recolhidas por aplicativos nesse

---

[24] RODOTÁ, Stefano. Ob. cit., p. 80/92.

[25] DONEDA, Danilo. A proteção de dados em tempo de coronavírus. *Revista Eletrônica JOTA*, de 25/03/2020. Disponível em https://www.jota.info/opiniao-e-analise/artigos/a-protecao-de-dados-em-tempos-de-coronavirus-25032020. Acesso em: 1º out. 2021.

momento serão usadas para o fim específico de mitigar a pandemia? Segundo seus estudos, há precedentes de casos em que os dados foram usados para outros fins: os governos podem monitorar imigrações e fluxo de pessoas, por exemplo, o que fugiria do propósito de mitigar a propagação da doença[26].

Uma situação que vem ocorrendo no Brasil, nesse momento, é o uso de dados dos celulares para verificar quem está em casa ou não. Pergunta-se então: podem os Estados, e os Municípios, rastrear dados de celulares para monitorar aglomerações? O argumento principal usado a favor dessa utilização é que os dados disponibilizados pela empresa são anônimos e que há respeito pela privacidade individual das pessoas. Posicionamentos jurídicos contrários, porém, entendem que seria uma violação à intimidade do cidadão, pois órgãos públicos e empresas privadas não poderiam invadir setor onde está este ou aquele celular. Não há, presentemente, consenso sobre o tema, o que deverá ocorrer em breve, já que há judicialização desse assunto[27].

Parece inquestionável que o impacto da pandemia do novo coronavírus também será grande na área da coleta dos dados e da sua proteção. Dada a urgência de necessidade de decisão judicial a esse respeito, para assegurar segurança jurídica, tivemos o posicionamento do Supremo Tribunal Federal, que já vem julgando pelo sistema virtual, inclusive na área trabalhista, da Ação Direta de Inconstitucionalidade 6.363, finalizado em 17 de abril de 2020, que reconheceu, excepcionalmente, a negociação individual para

---

[26] PASSOS, Paulo. Entrevista Gabriela Zanfir-Fortuna. *Jornal Folha de São Paulo*, de 19/04/2020, p. A-14.

[27] BARONE, Isabelle; DESIDERI, Leonardo. Estados usam dados de celulares para monitorar aglomerações. Eles podem fazer isso? *Gazeta do Povo*, 13/04/2020. Também VILAPIANA, Tábata, Dória é questionado na justiça por monitoramento de celulares no Estado. *CONJUR - Consultor Jurídico*, de 14/04/2020.

suspender contratos, reduzir jornada e salários apenas comunicando-se o acontecido às entidades sindicais.

1.5 Privacidade e direitos da personalidade

O tema da privacidade (e da intimidade) envolve os direitos da personalidade. São esses direitos, reconhecidos com intensidade a partir do fim da Segunda Guerra Mundial, que fizeram as relações entre os particulares ganharem mais respeitabilidade e proteção.

Há um reconhecimento universal dos direitos da personalidade, considerados atinentes à própria natureza humana, efetuado pela Assembleia Geral da ONU, em 1948, e pela Convenção Europeia de 1950. Pouco tempo depois, o Pacto Internacional das Nações Unidas de 1966 enunciou direitos considerados como inerentes ao homem, e destinados à proteção dos direitos civis, os quais haveriam de ser respeitados pelos Estados signatários[28].

Inicialmente, o Direito Civil não mencionava os direitos do cidadão, restritos, assim, à esfera pública, de proteção contra o Estado. Evoluindo o capitalismo, todavia, a massificação, desenvolvendo-se a tecnologia, e ocorrendo duas guerras mundiais, o paradigma do Estado liberal é substituído pelo do Estado Social intervencionista, protetor do mais fraco. Dessa forma, segundo César Fiuza, os direitos da personalidade passam a integrar a esfera privada, protegendo o indivíduo, sua dignidade, contra a ganância e o poderio dos mais fortes. Ao lado desse prisma, privatístico, continua a subsistir o público, em socorro do indivíduo contra o Estado[29].

---

[28] PEREIRA, Caio Mário da Silva. *Instituições de direito civil*. 17. ed. Rio de Janeiro: Forense, 1994. v. 1. p. 118.

[29] FIUZA, César. *Direito civil* – curso completo. 5. ed. de acordo com o Código Civil de 2002. Belo Horizonte: Del Rey, 2002. p. 159.

Embora tenhamos no Brasil fundamento constitucional (art. 5º, incisos IV, V, X, XVII, XXVIII; art. 220), legal (Leis nºs 8.849/1992, 5.988/1973, 6.015/1973), e no Novo Código Civil (em dez artigos, 11 ao 21), são por si sós, insuficientes a assegurar à pessoa proteção exaustiva, capaz de tutelar as irradiações da personalidade em todas as suas manifestações[30].

Não é possível estabelecer um regramento para todas as situações de que a pessoa humana possa ser titular, em virtude da acelerada manifestação dos fatos sociais. O Direito Público e o Direito Privado, em seus rígidos compartimentos, não se mostram suficientes para essa tutela, que pode exigir, na maioria das vezes, proteção não só estatal, mas também das sociedades intermediárias como a família, a empresa, e as associações. Isso pode acontecer em matérias atinentes à família, à inseminação artificial e à procriação assistida, ao transexualismo, aos negócios jurídicos relacionados com a informática, às relações de trabalho em condições degradantes, e assim por diante[31].

Fincam-se constitucionalmente os direitos da personalidade no princípio da dignidade da pessoa humana, que se constitui em fundamento da República brasileira (CRFB, 1º., III). Os direitos da personalidade, por outro lado, têm por objeto tudo aquilo que disser respeito à natureza do ser humano, como, por exemplo, a vida, a liberdade (*v. g.* de pensamento, social, filosófica, religiosa, política, sexual, de expressão), proteção de dados pessoais, integridade física e moral, honra, imagem, vida privada, privacidade, intimidade, intangibilidade da família, autoestima, igualdade, segurança[32].

---

[30] TEPEDINO, Gustavo. *Temas de direito civil*. Rio de Janeiro: Renovar, 1999. p. 36.

[31] TEPEDINO, 1999, p. 36.

[32] NERY JUNIOR, Nelson; NERY, Rosa Maria de Andrade. *Código de Processo Civil comentado e legislação extravagante*. 7. ed. atual. até 07/07/2003. São Paulo: Revista dos Tribunais, 2003. p. 157.

Embora não tenha inserido em seu texto um dispositivo específico destinado a tutelar a personalidade humana, a Constituição brasileira, segundo Elimar Szaniawski, reconhece e tutela o direito geral de personalidade através do princípio da dignidade da pessoa, que consiste em uma cláusula geral de concreção da proteção e do desenvolvimento do indivíduo. Sendo fundamental e diretor, o princípio da dignidade, através do qual deve ser lido e interpretado todo o ordenamento jurídico brasileiro, constitui-se na cláusula geral de proteção da personalidade, uma vez ser a pessoa natural o primeiro e o último destinatário da ordem jurídica[33].

Gustavo Tepedino, por seu turno, fala na prioridade conferida à cidadania e à dignidade da pessoa humana (art. 1º., I e III, CRFB), como fundamentos da República, e a adoção do princípio da igualdade substancial (art. 3º., III), ao lado da isonomia formal do art. 5º., bem como a garantia residual estipulada pelo art. 5º., § 2º., CRFB, condicionando o intérprete e o legislador ordinário, modelando todo o tecido normativo infraconstitucional com a tábua axiológica eleita pelo constituinte. Salienta, ainda, o mesmo autor, que configuram uma verdadeira cláusula geral de tutela e promoção da pessoa humana, tomada como valor máximo pelo ordenamento, a escolha da dignidade da pessoa humana como fundamento da República, associada ao objetivo fundamental de erradicação da pobreza e da marginalização, e da redução das desigualdades sociais, juntamente com a previsão do § 2º. Do art. 5º., no sentido da não exclusão de quaisquer direitos e garantias, mesmo que não expressos, desde que decorrentes dos princípios adotados pelo Texto Maior[34].

---

[33] SZANIAWSKI, Elimar. *Direitos de personalidade e sua tutela*. 2. ed. rev. atual. e ampl. São Paulo: Revista dos Tribunais, 2005. p. 137.

[34] TEPEDINO, Gustavo. *Temas de direito civil*. Rio de Janeiro: Renovar, 1999. p. 47.

Sob a denominação de direitos da personalidade, segundo Orlando Gomes, compreendem-se os direitos personalíssimos e os direitos essenciais ao desenvolvimento da pessoa humana que a doutrina moderna preconiza e disciplina no corpo do Código Civil como direitos absolutos, desprovidos, porém, da faculdade de disposição. Destinam-se a resguardar a eminente dignidade da pessoa humana, preservando-a dos atentados que pode sofrer por parte dos outros indivíduos[35].

Para Carlos Alberto Bittar, consideram-se como direitos da personalidade os direitos reconhecidos à pessoa humana tomada em si mesma em suas projeções na sociedade, previstos no ordenamento jurídico exatamente para a defesa dos valores inatos do homem, como a vida, a higidez física, a intimidade, a honra, a intelectualidade e outros tantos[36].

Para Pablo Stolze Gagliano e Rodolfo Pamplona Filho, os direitos da personalidade se conceituam como aqueles que têm por objeto os atributos físicos, psíquicos e morais da pessoa em si e em suas projeções sociais[37].

O que norteia a disciplina dos direitos da personalidade é a ideia de uma esfera extrapatrimonial do indivíduo, em que o sujeito tem reconhecidamente tutelada pela ordem jurídica uma série indeterminada de valores não redutíveis pecuniariamente, como a vida, a integridade física, a intimidade, a honra, entre outros.

---

[35] GOMES, Orlando. *Introdução ao direito civil.* 11. ed. Rio de Janeiro: Forense, 1996. p. 130.

[36] BITTAR, Carlos Alberto. *Os direitos da personalidade*. 7. ed. rev. e atual. de acordo com o novo Código Civil por Eduardo C. B. Bittar. Rio de Janeiro: Forense Universitária, 2006. p. 1.

[37] GAGLIANO, Pablo Stolze; PAMPONA FILHO, Rodolfo. *Novo curso de direito civil:* parte geral. 8. ed. rev. atual. e reform. São Paulo: Saraiva, 2006. vol. I. p. 135.

1.6 Considerações finais

Com a velocidade exigida pelos meios tecnológicos, o jurista precisa não só estudar temas atuais, do direito, interpretá-los e aplicá-los. É essencial reunir consensos sobre o que é desejável, especialmente, nos meios internacionais e incorporá-los ao sistema jurídico brasileiro com as necessárias adaptações.

Levando em conta esses aspectos, o artigo analisa o impacto do coronavírus, e da Covid-19 pela lente dos organismos internacionais, como a OMS e a OIT, no que diz respeito ao direito de informação e ao Direito do Trabalho.

Apura também como essa pandemia deve suscitar a questão do direito e dever de informação nas negociações coletivas e na proteção de dados, enfatizando como o Supremo Tribunal Federal decidiu a respeito da validade da negociação individual, para suspensão do contrato de trabalho, redução salarial e de jornada, garantindo apenas a comunicação posterior às entidades sindicais.

Nesse tempo de tantas incertezas, os juristas pedem passagem para reunir fatos, reconhecer direitos, mas, sobretudo, contribuir para a vida civilizada em sociedade.

OS DIREITOS À INTIMIDADE E À PRIVACIDADE NAS RELAÇÕES DE TRABALHO

2.1 Significados da vida pública e privada

Adentramos o século XXI com algumas perguntas importantes para as quais não temos, ainda, respostas definitivas. Como separar o público (a vida pública) do privado (da vida privada)? Existem limites a serem observados nessa dimensão? Como perceber quando uma determinada situação da vida é completamente pública e, portanto, possível de dar-se a conhecimento (ao público)? Quando, ao revés, necessário se torna garantir que não se divulguem determinadas situações que possam violar a privacidade ou a intimidade de determinadas pessoas?

Se o tema enfocado tem essa amplidão nas relações públicas e privadas observadas na sociedade (relações sociais) em geral, o que se pode dizer nas relações que envolvem os empresários e os trabalhadores?

Por isso, antes de ingressar no tema específico da privacidade e da intimidade, importante examinar um pouco a distinção entre vida pública e vida privada.

O escritor inglês Frederick Forsyth, no seu livro *Sem perdão*, conta a história de um homem rico e bem-sucedido que tinha três vidas: a vida pública; a vida particular (privada); e a vida secreta. Sua vida pública e profissional representava-se pelo "magnata que conquistara a City, o centro financeiro de Londres". A vida particular, que não seria "necessariamente o que nisto está implícito", uma vez que "alguns homens levam a vida particular sob os refletores da publicidade". Tinha também a vida secreta. Quanto à vida pública, "era regularmente noticiada nas colunas financeiras dos jornais e nos programas de TV". Quanto à vida privada, o noticiário "podia ser encontrado nos jornais, algumas páginas antes"; de fato, "era um homem que vivia nas colunas". Quanto à vida secreta, "era algo diferente e podia ser resumida numa só palavra: tédio". Essa última parte da vida desse homem era algo que só a ele dizia respeito. Secreta, portanto[38].

Em qual momento, e local, teria surgido a distinção clara entre público e privado? Quando a burguesia ganha importância e desenvolvem-se as cidades, a partir do século XVI, começa a surgir uma distinção cada vez mais nítida entre o público e o privado. O primeiro vocábulo (público) passa a significar aquilo que está aberto

---

[38] FORSYTH, Frederick. *Sem perdão*. 2. ed. Tradução de A. B. Pinheiro de Lemos. Rio de Janeiro: Editora Record, s/d. p. 09/10.

à consideração de qualquer um e o segundo (privado) a parte da vida relativa à família e aos amigos. Com a Revolução Francesa acentuam-se as diferenças entre as esferas pública e privada do indivíduo. Essas duas esferas, não há dúvida, devem ser distinguidas ainda hoje; o desafio contemporâneo é a fixação dos seus limites[39].

Uma das estudiosas que examinou com profundidade a condição humana no século XX, Hannah Arendt, apresenta as diferenças entre o público e o privado. O termo "público" denotaria "dois fenômenos intimamente correlatos, mas não perfeitamente idênticos". Em primeiro lugar, significaria: "que tudo que vem a público pode ser visto e ouvido por todos e tem a maior divulgação possível". Em segundo lugar, o termo "público" simbolizaria "o próprio mundo, na medida em que é comum a todos nós e diferente do lugar que nos cabe dentro dele". Para essa autora, *"a esfera pública, enquanto mundo comum, reúne-nos na companhia uns dos outros e contudo evita que colidamos uns com os outros, por assim dizer"*[40].

A esfera privada, ainda na análise de Hannah Arendt, comportaria uma explicação a partir da esfera pública. A partir da *"múltipla importância da esfera pública que o termo privado, em sua original de privação, tem significado"*. Viver uma vida inteiramente privada significa, para o indivíduo, acima de tudo, *"ser destituído de coisas essenciais à vida verdadeira humana"*. Em outras palavras, "ser privado da realidade que advém do fato de ser visto e ouvido por outros". Nesse sentido, "privado de uma relação objetiva com eles". Decorreria isso tudo *"do fato de ligar-se e separar-se deles mediante um mundo comum*

---

[39] RAMOS, Luís Bonifácio. *O direito fundamental da reserva de intimidade da vida privada e familiar.* Lisboa: BFDUL, 1988. p. 143.

[40] ARENDT, Hannah. *A condição humana.* Tradução de Roberto Raposo. Introdução de Celso Lafer. Rio de Janeiro: Forense Universitária, 1987. p. 59/68.

de coisas, e privado da possibilidade de realizar algo mais permanente que a própria vida". Em síntese: "*a privatização da privatividade reside na ausência de outros*". Quer dizer, para estes (outros), "*o homem privado não se dá a conhecer, e portanto é como se não existisse*". O que quer que o "homem privado" faça, "*permanece sem importância ou consequência para os outros, e o que tem importância para ele é desprovido de interesse para os outros*"[41].

Quando se examinam as diferenças entre a esfera pública e a esfera privada, convém registrar que remontam aos tempos da Grécia e da Roma antigas. Entretanto, os conceitos de esfera pública e de publicidade estão intimamente "ligados a concepções do século XVIII a respeito da sociedade civil". Não existe dúvida, contudo, que o pensamento social do século XX continuou a se preocupar com o que é encarado como "privatismo excessivo" e "um correspondente declínio da vida pública". Como também parece claro que os modos de pensar sobre a relação entre público e privado são influenciados também por "um reconhecimento tardio da importância da comunicação de massa". Fala-se, então, em uma sociedade civil como parte do Estado "que se preocupa com a elaboração do consentimento, não com a coerção ou o domínio formal". Trata-se da esfera da "política cultural". Incluem-se como instituições da sociedade civil a igreja, as escolas, os sindicatos e outras organizações "através das quais a classe dominante exerce sua hegemonia sobre a sociedade". Pela mesma ordem de ideais, também se configura como "*a arena onde essa hegemonia é passível de contestação*"[42].

---

[41] ARENDT, 1987, p. 68/78.

[42] OUTHWAITE, William; BOTTOMORE, Tom. *Dicionário do pensamento social do século XX*. Tradução de Eduardo Francisco Alves e Álvaro Cabral. Rio de Janeiro: Jorge Zahar Editora, 1996. p. 257 e 718.

Registre-se a existência de trabalhos científicos ligando estudos de psicanálise ao Direito, especialmente na compreensão do que é público ou privado. A teoria psicanalítica, instituída como novo saber há mais de um século, ainda se sustenta e se desenvolve em sua originalidade. Também a prática da psicanálise, "como método de cura ou de organização e intervenção institucional", continua sendo requisitada. Ambas "sempre estiveram intimamente ligadas às circunstâncias do seu tempo". Neste século que se inicia, ainda, a psicanálise vem sendo chamada a "atender às emergências que se apresentam no seu campo próprio, psíquico e social". Do mesmo modo, é frequentemente solicitada por outros saberes e práticas que "não prescindem de algum grau de conhecimento da subjetividade e requerem uma relação transdisciplinar". Considerando-se o Direito como ciência normativa, essas "interseções contemporâneas" podem ser construídas no conflitivo terreno "dos direitos elementares (direitos humanos, crimes hediondos...)", assim como nas "diversas relações do sujeito com o Estado (cidadania, público/privado, segurança, estado de exceção, terror de Estado, guerra, pena de morte, genocídio)". Verifica-se, dessa forma, que "o mal-estar próprio da contemporaneidade" exige uma "*confluência de esforços para compreender e intervir sobre as suas manifestações*"[43].

Apresentadas essas noções iniciais, destinadas a introduzir o complexo tema da distinção entre vida pública e vida privada, necessário distinguir, mais profundamente, os vocábulos privacidade e intimidade.

[43] BARRETO, Vicente de Paulo (Coord.). *Dicionário de filosofia do direito*. São Leopoldo/Rio de Janeiro: UNISINOS/Renovar, 2006. p. 674.

2.2 Diferenciações entre as palavras *privacidade* e *intimidade*

Ao pronunciarmos as palavras privacidade e intimidade, normalmente, não se captura nem se reflete sobre eventual diferença entre esses vocábulos.

Esse fenômeno, aliás, é localizado também nos dicionários de língua portuguesa que examinam essa terminologia. Em um primeiro dicionário consultado, privacidade, do inglês *privacy*, seria um substantivo feminino que corresponde à vida privada, intimidade, privatividade. Quanto à intimidade, considera qualidade de íntimo, amizade íntima, relações íntimas, familiaridade[44].

Outro dicionário também apresenta distinções entre essas palavras. Privacidade, como substantivo feminino, corresponderia a vida privada, vida íntima, intimidade. Quanto à palavra intimidade, também substantivo feminino, significa qualidade *"de íntimo, vida íntima, vida particular, trato íntimo"*[45].

Além de uma acepção conforme a língua que se fala, existem outros sentidos atribuíveis a essas palavras. O vocábulo intimidade, por exemplo, tem um sentido na filosofia, na teologia e na psicologia. Sob o ponto de vista filosófico, íntimo é o intrínseco, *"o que é muito de dentro; o que está no âmago da alma, da mente, do coração"*. Aplica-se, nesse sentido, também relativamente *"à parte mais interna de uma coisa, o que há de mais profundo em uma coisa"*. Na teologia, por outro lado, *"fala-se na intimidade de Deus, na intimíssima realidade do Ser Supremo, que será, para muitos, para sempre incognoscível"*. Na área da

---

[44] *MICHAELIS*: moderno dicionário da língua portuguesa. São Paulo: Companhia Melhoramentos, 1998. p. 1698 e 1171.

[45] FERREIRA, Aurélio Buarque de Holanda. *Novo Aurélio século XXI*: o dicionário da língua portuguesa. 3. ed. totalmente revista e ampliada. Rio de Janeiro: Nova Fronteira, 1999. p. 1640 e 1128.

psicologia, fala-se na intimidade como de algo que é "*intransmissível, e também com referência ao que é incomunicável entre os homens*". Nas experiências psicológicas sempre há um quê de intimidade "*que jamais se pode comunicar aos outros*". Nessa intimidade, portanto, estaria toda a singularidade no seu mais alto valor, "*que é a necessidade de todas as coisas, que não é jamais comunicável*"[46].

Do ponto de vista sociológico, Anthony Giddens aduz que a intimidade "*implica uma total democratização do domínio interpessoal, de uma maneira plenamente compatível com a democracia na esfera pública*". Existem, também, implicações adicionais, uma vez que a transformação da intimidade "*poderia ser uma influência subversiva sobre as instituições modernas como um todo*". Desse modo, um mundo social em que a realização emocional substituísse "*a maximização do crescimento econômico*" *poderia ser* "*muito diferente daquele que conhecemos hoje*"[47].

O recurso à privacidade, ao longo de toda a história humana, "é extremamente comum e representa a renovação dos vínculos com a comunidade", sem a qual não poderia ocorrer "nenhuma das cristalizações específicas da vida social (tais como as civilizações, os costumes, as instituições e os governos)". Em nosso século parece que estamos presenciando "outra e vigorosa ressurreição do privado". Pode se afirmar que é dentro da trama da vida cotidiana, "imune à esfera da política, com todos os seus *slogans* e jogos de poder, que se localiza a soberania social". Parece não haver dúvida que essa

---

[46] SANTOS, Mário Ferreira dos. *Dicionário de filosofia e ciências culturais*. São Paulo: Editora Maltese, 1963. v. 3. p. 817.

[47] GIDDENS, Anthony. *A transformação da intimidade*: sexualidade, amor e erotismo nas sociedades modernas. Tradução de Magda Lopes. São Paulo: Editora da Universidade Estadual Paulista, 1993. p. 11.

soberania deriva todo o seu vigor "do fato de permanecer escondida, de ser uma força oculta que nada tem a ver com a aparência de poder"[48].

O termo privacidade entrou na moda, mas o que ele realmente significa tendo em vista, especialmente, aquilo que hoje se denomina "sociedade em rede" ou "sociedade da informação"?

Registram Faith Popcorn e Adam Hanft, em seu *Dicionário do Futuro*, que se estivéssemos hoje rascunhando a Declaração de Direitos, é provável que *"o direito à privacidade fizesse companhia às outras celebradas proteções existentes"*. Não apenas a Internet representaria o perigo, embora ela certamente o enriquecesse: "os microprocessadores em nossos carros e até as roupas que vestimos farão com que nosso paradeiro seja conhecido durante praticamente cada minuto do dia". A proteção da privacidade, impulsionada por essas invasões, "promete ser uma indústria *de muitos bilhões de dólares, com inovações como o 'Omniva'[49], que faz desaparecer e-mails"*. Certamente a privacidade *"é uma questão que diz respeito não apenas a indivíduos, mas também a negócios"*. Essa será uma das batalhas mais apaixonantes do século XXI, à medida que a tecnologia que favorece "a invasão da privacidade combata a tecnologia que facilita a privacidade em uma guerra sem sangue, mas de grandes apostas"[50].

O *Dicionário do Futuro* prevê que duas expressões serão consagradas: "sem rastreamento" e "vigias da privacidade". Para descrever as pessoas que evitam, de maneira agressiva, "o comportamento que permite que governo, empresas e outras

---

[48] OUTHWAITE; BOTTOMORE, cit., p. 606/607.

[49] Empresa e tecnologia que permitem ao usuário total controle sobre mensagens de e-mail, inclusive permitindo que eles desapareçam antes de chegar ao destino.

[50] POPCORN, Faith; HANFT, Adam. *O dicionário do futuro*: as tendências e expressões que definirão nosso comportamento. Tradução de Maurette Brandt. Rio de Janeiro: Campus, 2002. p. 357.

instituições tomem conhecimento de seu comportamento individual", utilizaremos o vocábulo "sem rastreamento". Esses indivíduos, considerados paranoicos por alguns, "*pagam em dinheiro, evitam caixas eletrônicos, usam telefones fixos e não usam celulares*". Para aqueles que assim passarão a se chamar, jamais será possível considerar qualquer dos sistemas "de pagamento automático de pedágio", e, além do mais, "*gastam centenas de dólares em* softwares *de segurança de computadores que bloqueiam qualquer rastreamento de dados*"[51].

Teremos, também, no futuro, pessoas denominadas "vigias da privacidade", segundo o mesmo Dicionário. Serão "*agentes inteligentes que viajarão com você, de* site *em* site, *desativando qualquer mecanismo de rastreamento (eles são mais inteligentes do que os* cookies*)*". Atualmente, todos os mecanismos de privacidade na internet são passivos, vale dizer, "você precisa confiar na representatividade de um *website* ou de um mecanismo de busca". No futuro, os chamados vigias da privacidade serão "enérgicos", e darão a cada indivíduo "*a capacidade de neutralizar os observadores e rastreadores em vez de confiar nas discutíveis promessas de outra pessoa qualquer*"[52].

Os dicionários jurídicos também se preocupam em distinguir *privacidade* de *intimidade*, embora não seja uma tarefa fácil, pois a dúvida permanece. As duas palavras, afinal, querem afirmar a mesma coisa? Quando ocorre violação à privacidade ou violação à intimidade?

O Dicionário Jurídico da Academia Brasileira de Letras Jurídicas consigna a palavra "privacidade" como neologismo e como direito fundamental, significando "*característica da vida privada do indivíduo, cuja inviolabilidade é garantida pelo Estado*". Acrescenta, como

[51] POPCORN; HANFT, 2002, p. 361.

[52] POPCORN; HANFT, 2022, p. 361/362.

sinônimo, "intimidade; em contraposição à vida pública. CRFB, art. 5º., X". No verbete denominado "direito à intimidade", afirma ser um preceito da Declaração Universal dos Direitos Humanos (art. XII), "*erguido contra a interferência na vida privada de qualquer pessoa, na sua família, no seu lar ou na sua correspondência*". Acrescenta, também, "*qualquer ataque à sua honra e reputação. CRFB, art. 5º.; LX; ONU, Pacto (I), 1996, art. 17*". Na mesma obra, a expressão "direito à privacidade" é equiparada ao "direito à intimidade"[53].

Em seu Dicionário Jurídico, Maria Helena Diniz equipara o "direito à intimidade" ao "direito à privacidade". Ao conceituar o primeiro, caracteriza-o como "*a zona espiritual reservada da pessoa*". Diria respeito ao direito de estar só, ao segredo íntimo, "*cuja mínima publicidade constrange*"; e também "*à vida amorosa, às próprias convicções, à situação indevassável de pudor pessoal, à dor pela perda de entes queridos, à enfermidade*". Seria "*a esfera confidencial" (*specie*) do direito à privacidade (*genus*)*[54].

Como "um aspecto parcelar da privacidade" Luiz Carlos dos Santos Gonçalves conceitua a intimidade, sustentando que nela "*a reserva da atuação individual é mais intensa, abrangendo as esferas da confidência e do segredo*". Nesse sentido, a intimidade seria responsável mesmo perante pessoas a quem não se pudesse opor a privacidade[55].

Percebem-se, assim, as dificuldades para a diferenciação dos vocábulos *privacidade/intimidade, direito à privacidade/direito à intimidade*. Como essas expressões estão consagradas no Direito

---

[53] SIDOU, J. M. Othon. *Dicionário jurídico*. 3. ed. rev. e atual. Rio de Janeiro: Forense Universitária / Academia Brasileira de Letras Jurídicas, 1995. p. 613, 251 e 252.

[54] DINIZ, Maria Helena. *Dicionário Jurídico*. 2. ed. rev. atual. e aum. São Paulo: Saraiva, 2005. p. 162 e 167.

[55] GONÇALVES, Luiz Carlos dos Santos. *O sigilo bancário e de dados financeiros e a tutela da privacidade e intimidade*. São Paulo: Max Limonad, 1995. p. 222.

Constitucional, no Direito Civil e, de forma reflexa, no Direito do Trabalho, considera-se indispensável recorrer a fontes doutrinárias específicas a esse respeito.

2.3 Os direitos fundamentais e da personalidade e os direitos à privacidade e à intimidade

A questão dos direitos fundamentais é hoje, principalmente, matéria das Constituições, de Direito Constitucional. Nesse contexto é que se delimitam, se estabelecem ou se garantem os direitos fundamentais. A partir dessas garantias constitucionais também se fundamentam os direitos da personalidade, que especificam os significados da privacidade e da intimidade, às vezes dando a impressão de que esses últimos direitos são idênticos, às vezes diferenciando-os.

No Brasil há constitucionalistas que inicialmente, ao se referirem ao direito à vida privada, incluem, nesse tratamento, o sigilo bancário/fiscal, a inviolabilidade do domicílio e o sigilo das comunicações[56]. A intensidade dos relacionamentos desses direitos é tão forte que esses constitucionalistas reforçam a ligação da palavra *privacidade* com outros direitos similares, tais como: sigilo bancário/fiscal, inviolabilidade de domicílio e sigilo das comunicações[57].

Uma importante obra sobre essa temática registra a relação de proximidade entre a proteção do domicílio, do sigilo fiscal e do sigilo bancário com aspectos da vida privada. Considera, no entanto, ante a importância e a maior autonomia quanto aos aspectos da vida privada e da intimidade, que os temas do sigilo da correspondência, das

---

[56] MENDES, Gilmar Ferreira; COELHO, Inocêncio Mártires; BRANCO, Paulo Gustavo Gonet. *Curso de direito constitucional*. 2. ed. rev. e atual. São Paulo: Saraiva, 2008. p. 377/393.

[57] MENDES; COELHO; BRANCO, 2008, p. 385, 387 e 392.

comunicações e da proteção dos dados pessoais devem ser analisados em separado[58].

Os termos *privacidade* e *intimidade* devem ser considerados sinônimos para o Direito? Ou devem ser tratados de forma distinta, um de forma mais ampla do que o outro?

José Adércio Leite Sampaio explica que, no Brasil, existe uma tendência a usar as expressões *intimidade* e *vida privada* indistintamente, *"embora alguns ressaltem ser aquela um extrato mais restrito desta"*. Esse autor, entretanto, considera necessário fazer "radical distinção a partir das lições do Direito Comparado e mesmo da matriz etimológica das duas expressões". Salienta, ainda, a diferença apresentada pela disposição constitucional consagradora de um geral direito à vida privada e à intimidade: *"são invioláveis a intimidade, a vida privada... (art. 5º., X, da CRFB)"*[59].

Ingressando na seara da distinção, o direito à privacidade teria por objeto os comportamentos e acontecimentos atinentes aos relacionamentos pessoais em geral, "às relações comerciais e profissionais que o indivíduo não deseja que se espalhem ao conhecimento público". O direito à intimidade, contudo, teria por objeto *"as conversações e os episódios ainda mais íntimos, envolvendo relações familiares e amizades mais próximas"*[60].

Na língua inglesa emprega-se a expressão *privacy* (privacidade, privaticidade) como em *right to privacy*, para indicar "pretensões jurídicas de ver respeitada a esfera de autonomia pessoal e familiar",

---

[58] SARLET, Ingo Wolfgang; MARINONI, Luiz Guilherme; MITIDIERO, Daniel. *Curso de direito constitucional*. São Paulo: Revista dos Tribunais, 2012. p. 391.

[59] SAMPAIO, José Adércio Leite. Análise do inciso X do art. 5º da CF. *In:* CANOTILHO, J. J. Gomes; MENDES, Gilmar Ferreira; SARLET, Ingo Wolfgang; STRECK, Lenio Luiz (Coord. Científica). *Comentários à Constituição do Brasil*. São Paulo: Saraiva/Almedina, 2013. p. 277.

[60] MENDES; COELHO; BRANCO, cit., p. 377.

abrangendo, de forma objetiva: a) o direito de ser deixado em paz (*tort privacy*); b) a inviolabilidade em relação ao Estado, da casa, dos bens e objetos pessoais (*Fourth Amendment privacy*); c) o direito de tomar decisões de caráter pessoal ou íntimo (*intimate* ou *fundamental decisions privacy*)[61].

Obra clássica de natureza filosófica registra quatro modos básicos de afronta à privacidade: a) intromissão na reclusão ou na solidão do indivíduo; b) exposição pública de fatos privados; c) exposição de indivíduos a uma falsa percepção do público (*false light*), que ocorre quando a pessoa é retratada de modo inexato ou censurável; d) apropriação do nome e da imagem da pessoa, sobretudo para fins comerciais[62].

A existência de um direito à intimidade e um direito ao segredo, no Brasil, já era admitida por Pontes de Miranda, como tipificações dos direitos da personalidade, relativas à proteção da esfera privada de alguém. A intimidade consistiria no direito que o indivíduo possui de se resguardar dos sentidos alheios, especialmente da vista e dos ouvidos de outrem, enquanto o segredo seria o direito de alguém de se opor a que terceiros divulgassem algum acontecimento sobre a sua pessoa de que tenham eventualmente tomado ciência[63].

Autores há que preferem adotar uma noção abrangente, incluindo a intimidade no âmbito de proteção mais ampla do direito à vida privada (privacidade), uma vez que essa distinção seria difícil

---

[61] SAMPAIO, cit., p. 276/277.

[62] PROSSER, William. *Philosophical dimensions of privacy*. Cambridge: Schoeman, 1984. p. 107.

[63] MIRANDA, Pontes de. *Tratado de direito privado*. São Paulo: Revista dos Tribunais, 2012. Tomo VII. p. 124 e s.

de sustentar em virtude da fluidez entre as diversas esferas da vida privada, apesar do texto constitucional[64].

Também Santos Cifuentes emprega ambas as expressões como sinônimas. Considera que distinguir essas duas denominações não tem eficácia, pois na palavra *intimidade* compreendem-se ambas as facetas da vida de relação e como, por outra parte, "*as violações teriam idêntica sanção ou repercussão preventiva, parece pouco prático realizar a diferenciação*"[65].

Ressalta esse autor, em outra obra, que, se o ordenamento jurídico contém a diferença, haveria um motivo para pôr em relevo conceitos separáveis. Cita o direito francês, nessa exceção, o qual, além do respeito à vida privada, prevê medidas mais extremas ou graves quando ocorre um atentado contra a "*intimidade da vida privada (*intimité de la vie privée*)*"[66].

Segundo Elimar Szaniawski, os tribunais franceses reservam a expressão "intimidade da vida privada" apenas às causas que digam respeito "*à nudez, à saúde e às convicções religiosas de alguém*". Já o termo "respeito à vida privada" tem sido utilizado pela jurisprudência nos casos que tratam "*da vida familiar, da vida amorosa, da própria imagem, dos recursos econômicos, dos impostos que se paga ao poder público, do lazer e da vida profissional de uma pessoa*"[67].

---

[64] TAVARES, André Ramos. *Curso de direito constitucional*. 9. ed. São Paulo: Saraiva. p. 676; e também, no mesmo sentido, SARLET, Ingo Wolfgang; MARINONI, Luiz Guilherme; MITIDIERO, cit., p. 392.

[65] CIFUENTES, Santos. *El derecho a la vida privada*: tutela a la intimidad. Buenos Aires: La Ley, 2007. p. 73.

[66] CIFUNTES, Santos. *Derechos personalísimos*. 3. ed. atual. e ampl. Buenos Aires: Editora Astrea, 2008. p. 619.

[67] SZANIAWSKI, Elimar. *Direitos de personalidade e sua tutela*. 2. ed. rev., atual. e ampl. São Paulo: Revista dos Tribunais, 2005. p. 304/305.

Embora persistam controvérsias doutrinárias sobre a distinção entre os direitos à privacidade e à intimidade, o certo é que a Constituição Brasileira de 1988 registrou as duas possibilidades. Desse modo, incumbe à doutrina e à jurisprudência, em seu trabalho construtivo, identificar na vida concreta essas diferenças, o que ainda não aconteceu de forma pacífica.

2.4 Consequências das violações aos direitos à privacidade e à intimidade no âmbito das relações entre empregados e empregadores

A partir da Constituição de 1988, e mais recentemente com o Código Civil de 2002 e a Emenda Constitucional nº 45, de 2004, inexiste qualquer dúvida sobre a incidência dos direitos da personalidade nas relações de trabalho, até por força da competência ampliada à Justiça do Trabalho.

A doutrina e a jurisprudência, com base nessa força constitucional e legal, e tendo em vista ainda a aplicação subsidiária garantida pelo art. 8º da CLT, constroem, passo a passo, o sentido jurídico aplicável às relações de trabalho das palavras *privacidade* e *intimidade*.

Amauri Mascaro Nascimento, em item específico de sua obra, trata dos direitos da personalidade como "*meio de concretização do princípio da valorização da dignidade do ser humano*". Abre-se, assim, no Direito do Trabalho, com os direitos da personalidade, uma "esfera de proteção" que não pode ser deixada unicamente "à autonomia individual", tão significativa para as relações trabalhistas "*como são os direitos fundamentais para o direito constitucional*"[68].

---

[68] NASCIMENTO, Amauri Mascaro. *Ordenamento jurídico trabalhista*. São Paulo: LTr, 2013. p. 334.

O estudo da incidência do direito à intimidade e à privacidade também mereceu análise desse autor. Assevera que "*fiscalizar é um direito do empregador para ver se os salários que paga estão sendo correspondidos*". Adverte, porém, que "*a fiscalização não é um poder ilimitado*", nem poderia ser. Há limites que não podem ser ultrapassados e que se o forem "configura transgressão do direito à privacidade". Nesse sentido, o direito à intimidade ou à privacidade corresponde "ao respeito ao caráter privado da vida da pessoa", que, em condições normais, "não pode ser devassada, uma vez que todo ser humano tem direito de subtrair-se à indiscrição". Monitorar os empregados indevidamente no estabelecimento "afeta o mesmo direito". A empresa pode fiscalizar os empregados, "mas não poder abusar desse poder". Exemplo dessa situação ocorre "*quando os empregados deixam o serviço no final do expediente; pode ser desrespeitosa*"[69].

O possível choque entre os direitos da personalidade do trabalhador e o poder empregatício mereceu acurada análise de Rúbia Zanotelli de Alvarenga. Em sua obra, no item sobre os "tipos principais de direitos da personalidade", distingue, claramente, direito à intimidade e direito à privacidade. Quanto ao primeiro (intimidade) compreenderia um direito do trabalhador que assegura a impossibilidade de revelação de aspectos pessoais e "*dos seus sentimentos e/ou pensamentos a terceiros*". Esclarece que o direito à intimidade possuiria, assim, um aspecto mais restrito do que o direito à privacidade, "*por representar uma parte mais reservada da vida privada que se encontra no mais recôndito do indivíduo*". Com a garantia desse direito, o trabalhador, "na qualidade de sujeito de direitos", possui a liberdade de escolher as suas "convicções religiosas

---

[69] NASCIMENTO, 2013, p. 335/336.

e políticas", e também as suas "tendências sexuais, as suas opções, os seus desejos", e, ainda, "*de manifestar livremente seu pensamento ou, da mesma forma, de ocultar ou de guardar segredo acerca das suas ideias e preferências*". O direito à privacidade visaria resguardar a pessoa natural de "interferências externas que possam ser levadas ao espaço público". Nesse sentido, a esfera da vida privada seria maior do que a intimidade, porque possui "um raio maior". Por isso, como privacidade entende-se a faculdade assegurada "*ao empregado de excluir o empregador do acesso a informações e de impedir a divulgação de informações capazes de afetar sua sensibilidade*". O raio menor, da intimidade, "*envolve aspectos mais recônditos da vida do trabalhador*", vale afirmar, "*aqueles que ele deseja guardar só para si, isolando-os da intromissão do empregador*"[70].

Registre-se a definição de privacidade de Stefano Rodotá como

> o direito de manter o controle sobre as próprias informações e de determinar as modalidades de construção da própria esfera privada. O objeto desse direito pode ser identificado no "patrimônio informativo atual ou potencial de um sujeito"[71].

Nessa análise, a informação (mais precisamente, as informações pessoais) coloca-se "como elemento objetivo"; e "a construção da esfera privada, a finalidade", deve ser tomada em consideração juntamente

[70] ALVARENGA, Rúbia Zanotelli de. *Direitos da personalidade do trabalhador e poder empregatício*. São Paulo: LTr, 2013. p. 114/119.

[71] RODOTÁ, Stefano. *A vida na sociedade de vigilância*: a privacidade hoje. Organização, seleção e apresentação de Maria Celina Bodin de Moraes. Tradução de Danilo Doneda e Luciana Cabral Doneda. Rio de Janeiro: Renovar, 2008. p. 109.

"com a cláusula geral da personalidade que a ressalta como um dos aspectos do livre desenvolvimento da personalidade"[72].

Para Alexandre de Souza Agra Belmonte, "*no Direito brasileiro, vida privada e intimidade são bens jurídicos distintos*". A vida privada seria o direito ou a liberdade de recato, isto é, "de viver a própria vida, frequentando os lugares que aprouverem ao indivíduo e na companhia de quem lhe interessar". Em síntese, "diz respeito ao comportamento do indivíduo na sua relação na vida social". Considera esse autor, nesse sentido, "inadmissíveis testes psicológicos, polígrafos e testes grafológicos, visando a desnudar a privacidade"[73].

Quanto à intimidade do trabalhador, esse mesmo autor entende corresponder à esfera mais particular e reservada do ser humano. Trata-se "*do* espaço considerado pela pessoa como impenetrável, intransmissível, indevassável, que diz respeito única e exclusivamente à pessoa". Em síntese, a intimidade constitui "*a esfera secreta do sujeito do direito*". Desse modo, é uma área espiritual que deve ficar livre de intromissão estranha, sendo, assim, proibidos "os controles visuais e auditivos não autorizados, a revista íntima e a obtenção de informações que o trabalhador não está obrigado a prestar"[74].

Na casuística levada à Justiça do Trabalho alguns casos se destacam, na análise dos direitos à privacidade e à intimidade, embora

---

[72] DONEDA, Danilo. *Da privacidade à proteção dos dados pessoais*. Rio de Janeiro: Renovar, 2006. p. 147.

[73] BELMONTE, Alexandre Agra. *A tutela das liberdades nas relações de trabalho*: limites e reparações das ofensas às liberdades de consciência, crença, comunicação, manifestação do pensamento, expressão, locomoção, circulação, informação sindical e sexual do trabalhador. São Paulo: LTr, 2013. p. 183/185.

[74] BELMONTE, 2013, p. 175/182.

nem sempre essas terminologias sejam utilizadas de forma idêntica ou de modo a distinguir essas duas palavras.

O legislador, por exemplo, cuida de firmar o balanço entre os direitos do empregador com a privacidade do empregado, estabelecendo a prevalência desta, como se nota no art. 373-A, IV, da CLT, que proíbe a revista íntima. Embora a norma se refira à empregada do sexo feminino, não há motivo para que o veto da revista íntima não se estenda aos empregados do sexo masculino.

Descartam-se, absolutamente, quaisquer revistas que: a) decorram de procedimento discriminatório; b) exponham publicamente o empregado; c) constranjam-no ou importem em contato pessoal ou íntimo, com ou sem desnudamentos[75].

Segundo uma pesquisa junto ao Tribunal Superior do Trabalho, constata-se "extrapolação dos limites impostos ao poder fiscalizatório empresarial quando expõe de forma contínua o empregado a situações constrangedoras (desafiadoras do direito de privacidade/intimidade)", como por exemplo:

a. obrigar o empregado a levantar a camisa e a barra da calça;
b. submeter os empregados a desnudamentos na presença de outras pessoas, sendo, ainda, filmados por circuito interno de vídeo;
c. instalar câmeras nos vestiários dos empregados;
d. inexistência de locais adequados para que os empregados satisfaçam suas necessidades fisiológicas durante a jornada de trabalho, obrigando rurícolas a se exporem aos colegas e chefes em campo aberto;

---

[75] PEREIRA, Alberto Luiz Bresciani de Fontan. Revistas pessoais em empregados: a dignidade da pessoa humana e os limites ao poder diretivo do empregador. *In:* REIS, Daniela Muradas; MELLO, Roberta Dantas de; COURA, Solange Barbosa de Castro (Coord.). *Trabalho e justiça social*: um tributo a Mauricio Godinho Delgado. São Paulo: LTr, 2013. (p. 284/289). p. 289.

e. restringir o uso de toaletes pelos empregados[76].

José Affonso Dallegrave Neto assinala a existência de critérios objetivos para o procedimento da revista: a) a intensidade e a invasividade devem ser proporcionais às razões que o justificam; b) a existência de circunstâncias concretas e específicas que a determinam, vedada a forma rotineira e de caráter preventivo; c) a eventual recusa do empregado a submeter-se ao procedimento de revista não gera presunção de culpabilidade[77].

Configura-se a conduta abusiva por parte do empregador, "na concretização do seu poder diretivo", quando "se limita o uso de sanitários pelos empregados, por questões de produtividade". Em inúmeras situações da vida prática, as empresas limitam o número de vezes e tempo certo para os empregados frequentarem o banheiro do local onde trabalham. Situações assim já foram diversas vezes apreciadas pela Justiça do Trabalho e implicaram "na condenação em danos morais a favor dos empregados, por afronta às suas intimidades"[78].

Quanto aos controles pelo empregador que envolvem a tecnologia, o TST manifestou-se por diversas vezes quanto à instalação de câmeras de vigilância. Embora reconhecendo a necessidade de proteger o patrimônio da empresa, considerou que isso não pode ser feito de forma absoluta e irrefletida. Por isso, em diversas ocasiões, afirmou que a presença das câmeras é possível, mas deve observar

---

[76] BRANCO, Paulo Gustavo Gonet. O direito fundamental da privacidade nas relações de trabalho. *In:* SARLET, Ingo Wolfgang; MELLO FILHO, Luiz Philippe Vieira de; FRAZÃO, Ana de Oliveira (Coord.). *Diálogos entre o direito do trabalho e o direito constitucional*: estudos em homenagem a Rosa Maria Weber. São Paulo: Saraiva, 2014. (p. 331/353). p. 348/349 e 351.

[77] DALLEGRAVE NETO, José Affonso. *Responsabilidade civil no direito do trabalho*. 5. ed. São Paulo: LTr, 2014. p. 330.

[78] PAVELSKI, Ana Paula. *Os direitos da personalidade do empregado*: em face do exercício abusivo do poder diretivo do empregador. Curitiba: Juruá, 2009. p. 154.

determinados parâmetros, tais como: a) "não focalizar funcionários específicos de forma isolada"; e b) "não transmitir imagens de áreas consideradas íntimas, como os banheiros"[79].

Em reforço a essa argumentação, pode-se afirmar que não há qualquer dúvida que os avanços tecnológicos, como sistemas de áudio e vídeo, "para além de significarem apenas fiscalização ou mesmo segurança", podem ser utilizados de forma inadequada, ferindo o direito à intimidade do empregado. Assim se considera, por exemplo, "a instalação de câmeras de vídeo nas dependências do banheiro utilizado pelos empregados". As câmeras, no entanto, "têm sido consideradas como passíveis de utilização nos demais ambientes de trabalho que não banheiros e vestiários"[80].

O Tribunal Regional do Trabalho da 9ª. Região, por sua Sétima Turma, em julgado recente, analisou restrições determinadas por empregador quanto ao uso do banheiro por empregada, impondo indenização por dano moral. Na ementa do acórdão menciona-se que "a empresa extrapola os limites do seu poder diretivo ao impor abusivas restrições ao uso dos sanitários". Fundamenta-se o aresto no sentido de que a proibição das idas ao banheiro, ainda que eventuais, equivale a desconsiderar a condição humana do trabalhador, expondo-o a situações vexatórias e humilhantes"[81].

Outra situação discutida na área trabalhista é a submissão do empregado a exames de saúde para verificação da existência de

---

[79] LEWICKI, Bruno. Releitura da privacidade no ambiente de trabalho. *In:* TEPEDINO, Gustavo; MELLO FILHO, Luiz Philippe Vieira de; FRAZÃO, Ana; DELGADO, Gabriela Neves (Coord.). *Diálogos entre o direito do trabalho e o direito civil*. São Paulo: Revista dos Tribunais, 2013. (p. 161/170). p. 169.

[80] PAVELSKI, cit., p. 154.

[81] *PARANÁ*. Tribunal Regional do Trabalho da 9ª Região. Processo CNJ: 0002051-44.2013.5.09.004 e TRT: 45593-2013-004-09-00-2 (RO). Rel. Des. Benedito Xavier da Silva, publ. 20/01/2015. Disponível em: http://www.trt9.jus.br/internet_base/processoman.do?evento=Editar&chPlc=AAAS5SAEhAAJZmJAAL. Acesso em: 1º out. 2021.

doenças. Considera-se forte a tendência doutrinária e jurisprudencial, por exemplo, no sentido de configurar violada a intimidade do empregado submetido a exames para investigação do vírus HIV, "bem como de anticorpos de Hepatite B", e, constatada a presença destes, dispensá-lo no mês seguinte. Nessas hipóteses, "a despedida é discriminatória e implica indenização por dano moral"[82].

Ressalte-se que "a divulgação de dados médicos e genéticos do empregado", ou de "preferências ideológicas, de consumo, bem como quaisquer outras informações obtidas pela empresa por força do vínculo empregatício" em algumas situações "poderá ser considerada como abuso de direito pelo empregador". Na maior parte das vezes (ou quase todas) essa conduta do empregador viola *"o direito à vida privada do empregado"*[83].

Alice Monteiro de Barros relata como afronta ao preceito constitucional que considera inviolável a intimidade, *"indagações feitas à empregada sobre a realização de aborto"*. Segundo essa autora, *"esse aspecto é irrelevante para aferir a sua aptidão técnico-profissional"*, traduzindo inegavelmente ingerência na esfera íntima da trabalhadora[84].

Relativamente à internet, que também afeta as relações de trabalho, *"o ambiente público virtual não pode converter as relações privadas em públicas"*. Isso quer afirmar que *"a intimidade, a privacidade, a honra e a imagem das pessoas continuam sendo de natureza privada"*, ainda que as situações se desenvolvam no

---

[82] BARROS, Alice Monteiro de. *Curso de direito do trabalho*. 8. ed. rev. e atual. São Paulo: LTr, 2012. p. 508/509.

[83] PAVELSKI, cit., p. 153.

[84] BARROS, Alice Monteiro de. *Proteção à intimidade do empregado*. 2. ed. São Paulo: LTr, 2009. p. 124.

ambiente da internet. Desse modo, *"qualquer difusão indevida deve ser repudiada"*[85].

Pode-se afirmar que "a utilização e o monitoramento das informações via correio eletrônico encontram limites na proteção à intimidade e à privacidade do empregado". Outro fundamento de preservação e garantia do empregado reside na "inviolabilidade do e-mail enquanto espécie de correspondência pessoal, por entendimento analógico do art. 5º, XII, da CRFB (sigilo de correspondência)"[86].

A possibilidade de monitoramento dos e-mails dos empregados ainda é tema polêmico, pois há quem entenda que, nas relações de trabalho, *"o empregador não poderá monitorar os* e-mails *recebidos e encaminhados pelos empregados, pois haveria violação da intimidade e da privacidade"*[87]. Com essa mesma argumentação, outros autores asseveram que o monitoramento de e-mails pela empresa é uma prática que viola a dignidade e o sigilo das comunicações, sobretudo o direito fundamental à intimidade do empregado[88]. Leda Maria Messias da Silva, contudo, admite a fiscalização de e-mails corporativos pelo empresário, *"desde que o empregado seja informado do monitoramento"*.

---

[85] TOMIZAWA, Guilherme. *A invasão de privacidade através da internet*: a dignidade humana como um direito fundamental. Curitiba: JM Livraria, 2008. p. 65.

[86] OLIVEIRA NETO, Alberto Emiliano de; COELHO, Luciano Augusto de Toledo. E-mail do empregado – limites ao poder diretivo do empregador sob a ótica do novo Código Civil. *In:* DALLEGRAVE NETO, José Affonso; GUNTHER, Luiz Eduardo (Coord.). *O impacto do novo Código Civil no direito do trabalho*. São Paulo: LTr, 2003. (p. 186/203). p. 200.

[87] ZEMPULSKI, Tatiana Lazzaretti. O conflito dos direitos da personalidade no âmbito das relações de emprego tendo em vista o marco civil da internet. *In:* GUNTHER, Luiz Eduardo (Coord.). *O impacto do direito na sociedade do século XXI*. Curitiba: Instituto Memória, 2014. v. II. (p. 84/101). p. 98.

[88] GIORDANI, Francisco Alberto da Motta Peixoto; HASTREITER, Michele Alessandra. A questão do monitoramento de e-mails corporativos à luz da hermenêutica constitucional. *In:* GUNTHER, Luiz Eduardo; MANDALOZZO, Silvana Souza Netto (Coord.). *25 anos de Constituição e o direito do trabalho*. Curitiba: Juruá, 2013. (p. 215-236). p. 233.

Essa articulista também não aceita a fiscalização do e-mail pessoal, "*mesmo que sejam utilizados equipamentos da empresa*"[89].

O ordenamento jurídico brasileiro consagra ação inibitória atípica, que pode ser positiva ou negativa, e é capaz de atender, por exemplo, aos direitos da personalidade (ação inibitória individual), e também "aos direitos que necessitam de tutela na forma coletiva, como os direitos do consumidor e o direito à higidez do meio ambiente (ação inibitória coletiva)". A ação inibitória é "garantida constitucionalmente (art. 5º, XXXV, CRFB)" e encontra fundamento, na perspectiva dos instrumentos, nos arts. 461 do CPC e 84 do CDC, "*que são suficientes para permitir a prestação da tutela inibitória na forma individual e coletiva*"[90].

Buscou-se nesse item apresentar algumas situações nas quais incidem, de forma mais aguda, as possíveis afrontas aos direitos da privacidade e da intimidade. Trata-se, naturalmente, de apenas um esboço que busca compreender como o fenômeno ocorre nas relações entre empregado e empregador.

2.5 Considerações finais

Em todos os itens deste trabalho apresentaram-se algumas indagações como desafios a buscar respostas. Naturalmente, não se imagina sintetizar aqui soluções a todas as dificuldades teóricas suscitadas.

---

[89] SILVA, Leda Maria Messias da. O direito à intimidade do empregado e a possibilidade do monitoramento de e-mails por parte do empregador. (p. 88-117). p. 106. *Revista Eletrônica do Tribunal Regional do Trabalho da 9ª Região*. Disponível em: http://www.mflip.com.br/pub/escolajudicial/?numero=19. Acesso em: 1º out. 2021.

[90] MARINONI, Luiz Guilherme. *Tutela inibitória (individual e coletiva)*. 4. ed. atual. e ampl. São Paulo: Revista dos Tribunais, 2006. p. 489.

Entretanto, parece que o texto mostra algumas possibilidades de diferenciação entre a vida pública e a privada, especialmente nas lições de Hannah Arendt, embora os limites entre o público (a vida pública) e o privado (a vida privada) pareçam um pouco esmaecidos no início deste século. Na esfera pública estamos reunidos na companhia dos outros, mas não podemos colidir uns com os outros. Na esfera privada não nos damos a conhecer, ou seja, é como se não existíssemos.

Aquilo que é público não precisa de permissão para ser divulgado, mas o que é privado sim. Por isso essa terminologia é tão importante nas relações de trabalho. O empregado normalmente exerce as suas funções em público, mas existem momentos e situações em que a sua privacidade e a sua intimidade devem ser preservadas.

De forma ampla, a privacidade, o direito à vida privada, é afrontado quando há (segundo William Prosser): a) a intromissão na reclusão ou na solidão do empregado; b) a exposição pública de fatos privados; c) a exposição do empregado a uma falsa percepção do público, que ocorre ao ser retratado de modo inexato ou censurável; d) a apropriação do nome e da imagem do empregado, sobretudo para fins comerciais.

Recorde-se a definição precisa de Stefano Rodotá, quanto à privacidade, como "o direito de manter o controle sobre as próprias informações e de determinar as modalidades de construção da própria esfera privada". O objeto desse direito, portanto, pode ser identificado no patrimônio informativo atual ou potencial de um sujeito. A finalidade desse direito é a construção da esfera privada.

Embora ainda não se tenha encontrado uma forma mais precisa de identificação, parece claro que a intimidade constitui "a esfera secreta do sujeito do direito" do empregado (nesse estudo). Assim, seria uma área "espiritual", que deveria ficar livre de qualquer intromissão estranha, considerando-se proibidos especialmente “os controles visuais e auditivos não autorizados, a revista íntima e a obtenção de informações que o trabalhador não está obrigado a prestar”.

A maior parte da doutrina e dos julgados dos Tribunais, no Brasil, não se preocupa em identificar claramente os significados, as dimensões, os limites e as diferenças dos vocábulos *privacidade* e *intimidade*. Na maior parte das vezes esses vocábulos são tomados como se fossem de significado idêntico, reverberando, aliás, ecos da legislação e de estudos estrangeiros.

Parece adequado construir uma identificação precisa, em nosso País, por força da distinção estabelecida no texto constitucional, atribuindo-se significado de maior restrição à palavra *intimidade* do que à palavra *privacidade*. Esta é o gênero do qual aquela é a espécie. Talvez se pudesse afirmar que na intimidade a existência do segredo possui carga mais intensa do que na privacidade. Nesse sentido, na privacidade assegura-se ao empregado a faculdade de excluir do empregador o acesso a informações e impedir a divulgação dessas informações, que sejam capazes de afetar a sua sensibilidade. A intimidade, por seu turno, refere-se a aspectos mais recônditos da vida do trabalhador, “aqueles que ele deseja guardar para si, isolando-os da intromissão do empregador”.

Não é tarefa simples a identificação da diferença entre os significados dos vocábulos *privacidade* e *intimidade*, especificamente na seara do Direito do Trabalho; ainda assim, ambos hão de ser resguardados e respeitados, pois prevalecem como fundamentos de proteção à dignidade da pessoa humana.

A NEGOCIAÇÃO COLETIVA DO TRABALHO COMO DIREITO FUNDAMENTAL: NECESSIDADE DE AFIRMAÇÃO DA TUTELA DOS DIREITOS DA PERSONALIDADE NA ATIVIDADE EMPRESARIAL MUNDIALIZADA

3.1 Introdução – o fenômeno democrático da negociação coletiva no capitalismo mundializado

Em tempos de comemoração pela queda do muro de Berlim, voltam-se os olhos dos estudiosos a uma comparação dos Estados do passado com os do presente. Socialismo, marxismo, liberalismo, capitalismo, são palavras ainda recorrentes quando se estudam as relações de trabalho.

Qual é o papel do Estado-legislador, do Estado-juiz, do Estado-administrador? Deve haver interferência na atividade que cerca os trabalhadores e os empregadores, ou a mão invisível do mercado tudo pode regular?

No centro desse debate é possível colocar o fenômeno da negociação coletiva trabalhista como realizador de dois movimentos importantes. O primeiro deles, sem dúvida, como realizador de pacificação social, contribuindo para o fim do conflito. O segundo, não menos importante, é sua capacidade criadora de normas jurídicas para regular as relações entre os trabalhadores e as empresas, adaptando a realidade mutante com regramentos estabilizadores da atividade produtiva.

Quando se fala na política de valorizar a negociação coletiva, necessário mencionar seu sensível "significado de uma resposta, não autoritária nem burocrática, mas descentralizada e fundada sobre o diálogo social (...) *à crise do direito coletivo do trabalho*"[91].

Os processos de negociação coletiva, perante os sistemas jurídicos, vinculam-se a um duplo método básico, segundo M. Carlos Palomeque López[92]: negociação estática (*static bargaining*) e negociação dinâmica (*dynamic bargaining*). No primeiro método, próprio dos países continentais europeus, as partes entram em relação negocial de forma circunstancial e periódica, dando vida a uma série de *standards* coletivos perfeitamente determinados e imediatamente configuráveis. Já no método dinâmico, próprio do sistema britânico de relações trabalhistas, as partes dão vida a uma série de instituições

---

[91] GOMES, Orlando. *Ensaios de direito civil e de direito do trabalho*. Rio de Janeiro: Aide, 1986. p. 188.

[92] PALOMEQUE LÓPEZ, M. Carlos. *Derecho sindical español*. 2. ed. Madrid: Tecnos, 1988. p. 280.

de caráter permanente, que cumprem a função de adaptar os pactos às novas exigências e circunstâncias.

Sempre se discute qual é a efetiva natureza jurídica da autonomia privada coletiva. Considerável doutrina pondera ser a autonomia privada não um poder derivado do Estado por delegação, mas um poder originário, anterior até mesmo ao ente estatal, sendo por este reconhecido, até mesmo em seus efeitos jurídicos[93].

Reconhece, portanto, o Estado, a certos grupos sociais organizados, a faculdade de emitirem, por um processo coletivo de expressão do confronto entre os interesses coletivos correspondentes (o negócio coletivo), "*normas que simultaneamente constituem fórmulas de equilíbrio entre interesses e padrões de conduta para os membros dos mesmos grupos nas suas relações individuais, isto é, limitações à autonomia privada*"[94].

Embora considere a autonomia privada coletiva como um poder delegado, Octavio Bueno Magano sublinha que "nem por isso deixa de ser poder genuíno porque gera, motu propio, normas jurídicas, não se resolvendo em mera faculdade de agir"[95].

A autonomia privada coletiva relaciona-se de forma visceral com a efetivação da democracia, "*mediante reflexão coletiva, liberdade e atuação pelos interlocutores representativos, para mobilização e concretização de melhores condições de trabalho*"[96].

---

[93] SANTOS, Ronaldo Lima dos. *Teoria das normas coletivas*. São Paulo: LTr, 2007. p. 140.

[94] FERNANDES, António de Lemos Monteiro. *Direito do trabalho*: relaçoes colectivas de trabalho. 3. ed. Coimbra: Almedina, 1994. v. 1, p. 32.

[95] MAGANO, Octavio Bueno. *Manual de direito do trabalho*: direito coletivo do trabalho. 3. ed. São Paulo: LTr, 1993. v. 3, p. 14.

[96] GONÇALVES, Lilian. *Ultratividade das cláusulas normativas*. São Paulo: LTr, 2008. p. 60.

Para que melhorem as condições de trabalho, a negociação coletiva apresenta a grande justificativa de poder ser rápida e eficiente, solucionando-se eventual conflito pelos próprios interlocutores sociais, os sindicatos à frente, como verdadeiros entes coletivos, para justificarem o equilíbrio relativamente ao poder empresarial.

Com base na experiência capitalista dos países democráticos, Mauricio Godinho Delgado aponta como funções do Direito do Trabalho (considerado *amplo sensu*, englobador do direito sindical e coletivo do trabalho): melhoria das condições de pactuação da força de trabalho na vida econômico-social, no caráter modernizante e progressista, do ponto de vista econômico e social, ao lado de seu papel civilizatório e democrático[97].

Ao tratar da negociação coletiva, a Organização Internacional do Trabalho (OIT), por seus órgãos apropriados, esclarece que na Declaração Tripartite de Princípios sobre as Empresas Multinacionais e as Políticas Sociais, estabeleceu-se que, *"nos incentivos especiais para atrair investimento estrangeiro, não se deveria incluir qualquer limitação à liberdade sindical dos trabalhadores nem ao direito de sindicalização, nem de negociação coletiva"*[98].

Em termos cronológicos, após o fim da II Guerra Mundial, por volta de 1950, o capitalismo avançou aceleradamente, tomando nova configuração, que se pode esboçar, segundo Orlando Gomes, com três principais traços característicos: *"1. expansão interna (multinacionais); 2. aceleração do ritmo das inovações tecnológicas*

---

[97] DELGADO, Mauricio Godinho. *Capitalismo, trabalho e emprego*: entre o paradigma da destruição e os caminhos de reconstrução. São Paulo: LTr, 2005. p. 121.

[98] *Liberdade Sindical*: Recopilação de Decisões e Princípios do Comitê de Liberdade Sindical do Conselho de Administração da OIT. Brasília: Organização Internacional do Trabalho, 1997. verbete 801. p. 175.

e descobertas científicas; 3. intervenção do Estado (influência sobre o desenvolvimento)"[99].

Parece, então, aos doutrinadores não haver dúvida que essas mudanças do capitalismo, sua nova configuração, geraram a reelaboração doutrinal do contrato de trabalho, a expansão e o fortalecimento da esfera da autonomia coletiva e a nova figuração da empresa[100].

Quanto à reelaboração doutrinal do contrato de trabalho, passa-se a dar atenção, em caráter prioritário, "*aos bens pessoais do trabalhador, como a saúde, a intimidade, a liberdade individual e a dignidade pessoal*"[101]. Em outras palavras, deixa o empregado de ser apenas um objeto, uma máquina, um custo da empresa, para ser alguém vivo, que tem personalidade, passando-se a reconhecer os chamados direitos de personalidade, especialmente na Europa, Itália e Alemanha à frente.

No que diz respeito à autonomia coletiva, verifica-se uma fase de restauração e ampliação da autonomia privada coletiva na condução da autotutela do interesse coletivo dos trabalhadores, especialmente pelo "*primado da negociação coletiva e em tantas outras manifestações de apropriação do poder normativo por parte desse amplo e ativo setor da sociedade, que é constituído pelos assalariados*"[102].

Pode-se, igualmente, afirmar que a nova empresa tem estrutura e função diferentes, que não correspondem ao modelo individualista, ao menos no que atinge grandes proporções e significativa importância social. Assim, a consagração efetiva da empresa, em seus traços

---

[99] GOMES, Orlando. *Escritos menores*. São Paulo: Saraiva, 1981. p. 185.

[100] GOMES, 1981, p. 185.

[101] GOMES, 1981, p. 186.

[102] GOMES, 1981, p. 188.

atuais, exige que três elementos se reúnam: "*1) estatuto do pessoal que assegura a integração e continuidade dos trabalhadores na empresa; 2) participação do pessoal em sua gestão (cogestão ou codecisão); 3) participação dos empregados nos seus lucros*"[103].

O fenômeno que se costuma chamar de globalização (pelo enfoque norte-americano) ou mundialização (pela ótica francesa), dinamizou o fluxo de capitais, estabelecendo "*uma nova ordem de caráter planetário*"[104].

Realiza-se, hoje, a mobilidade do grande capital "à imagem e semelhança dos paradigmas informáticos, *(...) o dinheiro das empresas transnacionais demarca em escala planetária a propriedade e o lucro*"[105].

Considerava-se, até há pouco tempo, como sendo multinacional a "*empresa ou grupo cujas instalações e atividades econômicas (produção ou distribuição de bens ou serviços) transcendiam os limites de um só país e se difundiam por diferentes regiões do globo*"[106].

O fenômeno de mundialização econômica tem uma faceta especial, pois "*torna mais importante a participação do capital supranacional na constituição das grandes corporações, transnacionais ou não no que respeita a seu raio de atuação*"[107].

Dados fornecidos pela Organização Internacional do Trabalho (OIT), informam a existência de 160 milhões de desempregados no mundo em 2000, sendo 50 milhões nos países desenvolvidos. Por outro

---

[103] GOMES, 1981, p. 189.

[104] MELHADO, Reginaldo. *Metamorfoses do capital e do trabalho*: relações de poder, reforma do judiciário e competência da justiça laboral. São Paulo: LTr, 2006. p. 61.

[105] MELHADO, 2006, p. 62.

[106] MELHADO, 2006, p. 62.

[107] MELHADO, 2006, p. 63.

lado, 500 milhões de trabalhadores dispunham de um rendimento inferior a um dólar por dia[108].

As ambições de emancipação e de solidariedade operária internacional, é possível afirmar, "*permanecem bem vivas nos dias de hoje, sobretudo por ter sido o capital e não o trabalho a lograr internacionalizar-se com êxito*"[109].

Mas existem, na verdade, algumas dificuldades para estabelecer uma sistemática de cooperação laboral transnacional. O primeiro obstáculo tem a ver, certamente, "*com as transformações estruturais que atravessaram o próprio trabalho nas últimas décadas, decorrentes das revoluções informática e comunicacional*"[110]. Apesar da constatação do trabalho haver se convertido em recurso global, "*não se pode falar num mercado de trabalho global, pois os mercados de trabalho são hoje mais segmentados que outrora*"[111]. Como segundo bloco de obstáculos, encontram-se diversos fatores, "*que vão desde a tensão entre escalas de atuação laboral nacional e transnacional, ao tipo de objetivos visados por uma ação transnacional, à fraca reflexão teórica sobre o tema*"[112].

Detectando-se o problema, que envolve a nova negociação coletiva em uma economia mundializada, onde as empresas assumem papel diferente do que ocuparam antes da década de cinquenta do século passado, quais aspectos devem ter maior relevância no debate

[108] SOUSA SANTOS, Boaventura. Introdução: para ampliar o cânone do internacionalismo operário. *In* SOUSA SANTOS, Boaventura (Org.). *Trabalhar o mundo*: os caminhos do novo internacionalismo operário. Rio de Janeiro: Civilização Brasileira, 2005. p. 21.

[109] SOUSA SANTOS, 2005 , p. 21.

[110] SOUSA SANTOS, 2005, p. 23.

[111] SOUSA SANTOS, 2005, p. 23.

[112] SOUSA SANTOS, 2005, p. 23.

a se travar sobre as garantias mínimas devidas em benefício dos trabalhadores?

A resposta a essa pergunta, como é evidente, não pode ser precisa, mas tem passagem obrigatória pelas garantias dos direitos fundamentais e de personalidade assegurados à pessoa humana, em especial a que vive da venda da sua força de trabalho, o assalariado.

Por tudo isso, necessária, e lúcida, a reflexão de Daniel Sarmento, quando diz existirem fatores universais exigindo o manto protetor outorgado pelos direitos humanos "à esfera das relações entre particulares, diante da desigualdade gritante, da opressão e da injustiça que permeiam estas relações"[113].

Nesse debate, porém, como acentua o autor mencionado, aparece, de forma clara ou velada, a controvérsia ideológica. Nesse viés, existem os defensores de uma visão mais abstrata da liberdade e da igualdade, supervalorizando elementos como "*a autonomia do indivíduo e a segurança jurídica do tráfico privado, e a apontar para os perigos de uma panconstitucionalização do Direito, ou para uma inflação dos direitos fundamentais*"[114]. Em outro lado, haverá mais intensidade na preocupação com a igualdade real entre as partes, ou, pelo menos, com a liberdade que estas efetivamente desfrutam, "*no contexto de uma sociedade marcada por relações assimétricas de poder, e, por isso, maior será a tolerância aos limites impostos à autonomia da vontade*"[115]. No primeiro caso estaremos à direita do espectro político, e na segunda hipótese viramos à esquerda, sentindo ecoar, ainda, as advertências de Karl Marx, para quem "*confinar as*

---

[113] SARMENTO, Daniel. *Direitos fundamentais e relações privadas*. 2. ed. Rio de Janeiro: Editora Lumen Juris, 2008. p. 233.

[114] SOUSA SANTOS, 2005, p. 233.

[115] SOUSA SANTOS, 2005, p. 233.

liberdades constitucionais às relações públicas equivale a permitir que se instale a lei da selva no espaço privado"[116].

Arion Sayão Romita indica os seguintes direitos fundamentais de solidariedade: a) direito à sindicalização (liberdade sindical); b) negociação coletiva; c) greve; d) representação dos trabalhadores e dos sindicatos na empresa; e) proteção contra a dispensa injustificada; f) direito ao repouso; g) saúde e segurança do trabalho; g) meio ambiente do trabalho[117].

Mas qual é o sentido, ou o significado do vocábulo solidariedade? Na chamada geração de direitos, a liberdade e a igualdade se dirigem aos trabalhadores individualmente considerados, enquanto a solidariedade reside na coesão da comunidade, ainda que visem à preservação do emprego, *"porque neste entra em jogo o interesse social voltado para o sustento do empregado e de sua família, sem onerar os aparelhos assistenciais e de seguridade social"*[118].

Com vistas ao estudo dessa importante matéria da negociação coletiva, que é uma das formas essenciais de aproximar democraticamente o capital e o trabalho, examinar-se-á a dinâmica da Organização Internacional do Trabalho; o confronto do exercício sindical com a atividade empresarial mundializada; a Declaração de Princípios da OIT sobre as Empresas Multinacionais e a Política Social; a Declaração Sociolaboral do MERCOSUL; o *Dumping* Social diagnosticado mas não solucionado; a Negociação Coletiva no MERCOSUL; os fatores que aumentam ou diminuem a possibilidade de Negociação Coletiva Internacional.

---

[116] SOUSA SANTOS, 2005, p. 233.

[117] ROMITA, Arion Sayão. *Direitos fundamentais nas relações de trabalho*. 3. ed. São Paulo: LTr, 2009. p. 350.

[118] ROMITA, 2009, p. 349.

Conclui-se, por fim, o texto, afirmando da imponderabilidade quanto ao futuro. O enigma a ser decifrado está na equação entre o que será considerado prioritário no desenvolvimento empresarial mundializado: o salve-se quem puder da lucratividade a qualquer preço, com a redução das conquistas sociais, ou, em sentido evolutivo, uma proteção efetiva dos direitos de personalidade via negociação coletiva internacional.

3.2 A dinâmica da Organização Internacional do Trabalho

Conforme relata José Carlos Arouca, "a Declaração de Filadélfia, de 1944, impôs à Organização Internacional do Trabalho a obrigação de fomentar a negociação coletiva em todas as nações do mundo, mediante programas que a reconhecessem como direito"[119].

O Comitê de Liberdade Sindical da Organização Internacional do Trabalho, órgão que aprecia queixas de sindicatos, segundo Amauri Mascaro Nascimento[120],

> considera o direito de negociar elemento essencial da liberdade sindical, bem como imprescindível o comportamento da boa-fé pelas partes negociantes, como meio de inspiração da mútua confiança, necessário ao êxito da negociação. Ressalta, também, que os próprios interlocutores sociais devem ter a liberdade de definir o nível em que se deve dar a negociação dentre os existentes na organização sindical.

Em sua 32ª. Reunião, em 1949, a OIT aprovou a Convenção 98, que, em seu art. 4º., estabelece a dimensão do instrumento universalizado para a solução amistosa dos conflitos de trabalho, mediante adoção

---

119 AROUCA, José Carlos. *Curso básico de direito sindical*. São Paulo: LTr, maio 2006. p. 271.

120 NASCIMENTO, Amauri Mascaro. *Teoria geral do direito do trabalho*. São Paulo: LTr, 1998. p. 128/129.

de medidas adequadas às condições nacionais, quando necessário, para estimular e fomentar entre os empregadores e as organizações de empregadores, de um lado, e as organizações de trabalhadores de outro, o pleno desenvolvimento e uso de procedimentos de negociação voluntária com o objetivo de regulamentar, por meio de contratos coletivos, as condições de emprego.

A Convenção 154, aprovada em 1981 pela OIT, fixa, no art. 2º., o entendimento de negociação coletiva como abrangendo todas as negociações que tenham lugar entre, de uma parte, um empregador, um grupo de empregadores ou uma organização ou várias organizações de empregadores, e, de outra parte, uma ou várias organizações de trabalhadores, com o fim de: a) fixar as condições de trabalho e emprego; b) ou regular as relações entre empregadores e trabalhadores; ou regular as relações entre os empregadores ou suas organizações e uma ou várias organizações de trabalhadores, ou alcançar todos estes objetivos de uma só vez.

A Convenção 98 foi internalizada ao ordenamento jurídico brasileiro através do Decreto 33.196, tendo vigência no país desde 18 de novembro de 1953. A Convenção 154 ingressou em nosso sistema jurídico pelo Decreto 1.256, passando a vigorar em nosso país a partir de 10 de julho de 1993.

Foram, também, aprovadas pela OIT as Recomendações 91, de 1951, e 163, de 1981: *"a primeira tratando dos procedimentos a serem observados nas negociações, a segunda a respeito do fomento e meios para sua realização"*[121].

Importante referir a Declaração da OIT relativa aos princípios e direitos fundamentais do trabalho, aprovada na 86ª. Reunião da

---

[121] AROUCA, José Carlos. Ob. cit., p. 273.

Conferência Geral, realizada em Genebra, em junho de 1998, que conclama os Estados-membros a respeitar, entre outros valores, a liberdade sindical e a negociação coletiva, tendo o compromisso, decorrente de sua participação na Organização:

> de respeitar, promover e tornar realidade, de boa-fé e em conformidade com a Constituição, os princípios relativos aos direitos fundamentais, objeto dessas convenções, a saber: a liberdade de associação e a liberdade sindical e o reconhecimento efetivo do direito à negociação coletiva[122].

Como se vê, a OIT traça importantes parâmetros para que a negociação coletiva de trabalho possa se desenvolver livremente.

3.3 O confronto do exercício sindical com a atividade empresarial mundializada

Antonio Baylos reflete sobre a posição que vai ocupar o sindicalismo ante um mundo global, asseverando as carências da capacidade de se projetar sobre os trabalhadores que representa, e que a: "consequente perda da influência em amplas camadas da sociedade podem se constatar aqui e ali ao longo dos diversos sistemas sindicais existentes"[123].

Os principais problemas são sintetizados por Baylos da seguinte forma: a) crise de representação do sindicato como sujeito representante geral da força de trabalho; b) dificuldade em que se

---

[122] TEIXEIRA FILHO, João de Lima. Negociação coletiva de trabalho. *In:* SÜSSEKIND, Arnaldo; MARANHÃO, Délio; VIANNA, Segadas; TEIXEIRA, Lima. *Instituições de direito do trabalho*. 22. ed. São Paulo: LTr, mar. 2005. v. II. p. 1183.

[123] BAYLOS, Antonio. Representação e representatividade sindical na globalização. *Revista Trabalhista Direito e Processo*. Ano 2. Rio de Janeiro: Forense, janeiro-fevereiro-março, 2003. p. 20.

encontra o sindicato para definir sua ação de tutela do interesse dos trabalhadores em geral; c) progressiva perda de importância do Estado como espaço ou lugar onde se desenvolve a ação sindical[124]. Como refere Georgenor de Sousa Franco Filho[125], por intermédio da globalização os sindicatos ganharam nova feição, saindo dos limites territoriais de seus Estados de origem, passando a ter atuação além-fronteiras.

Esse autor afirma o surgimento das empresas transnacionais a partir do século XIX, alertando ser essa a denominação tecnicamente mais adequada, embora também sejam conhecidas por multinacionais, nome popularmente preferido. Utilizando-se de Samuel Huntington[126], define a empresa transnacional como sendo aquela que executa operações importantes, sob orientação centralizada, no território de duas ou mais nações, diversa da internacional, aquela cujo controle da organização é explicitamente dividido entre representantes de duas ou mais nações.

Para implementar a negociação coletiva a nível transnacional, necessário se torna absorver as profundas transformações que experimenta o mundo, consoante Gonzalo Oscar Cuartango[127], entre as quais alinha as seguintes: a aceitação geral da economia de mercado após a queda do muro de Berlim; a redução do setor público; a redefinição do papel do Estado; a reestruturação e a mundialização

---

124 BAYLOS, 2003, p. 21/23.

125 FRANCO FILHO, Georgenor de Sousa. Negociação coletiva transnacional. *In:* FRANCO FILHO, Georgenor de Sousa. *Curso de direito coletivo do trabalho* – estudos em homenagem ao Ministro Orlando Teixeira da Costa. São Paulo: LTr, 1998. p. 291/292.

126 FRANCO FILHO, 1998, p. 294.

127 CUARTANGO, Gonzalo Oscar. La negociación colectiva transnacional en el Mercosur: observaciónes y perspectivas. *Revista de Direito do Trabalho*. Ano 27, nº 104. São Paulo: Revista dos Tribunais, out.-dez. 2001. p. 193.

econômicas; a generalização de técnicas eficazes para lutar contra a inflação; a expansão das formas atípicas de trabalho e dos contratos temporários; os processos de democratização política e social; a crescente autonomia dos sindicatos.

Em razão da novidade dos novos mecanismos de mundialização da economia, não é estranho, assinala Georges Spyropoulos[128], que os sindicatos não tenham podido adaptar-se plenamente à nova situação. A defesa dos direitos dos trabalhadores exigirá, sem dúvida, como explica esse autor, que o movimento sindical reflita e fortaleça sua organização a nível internacional.

Quanto ao sindicalismo internacional, recorde-se que o século XX é o século da internacionalização das estruturas econômicas, políticas, sociais e sindicais, existindo duas fases claramente distintas desse processo, como explica Georges Spyropoulos[129]: a) durante a primeira metade do século XX, o conceito de Estado e da colaboração interestatal esteve no centro dos intercâmbios internacionais e da ação sindical correspondente; b) a partir dos anos 50, o processo de internacionalização entra em uma nova fase, caracterizada não tanto pelo conceito de Estado como antes, mas por mecanismos transnacionais de tipo novo, tais como as empresas multinacionais e os tratados de integração e de cooperação econômica regional; ao contrário da fase anterior, caracterizada por uma certa estabilização dos mecanismos de intercâmbios internacionais, a nova fase coincide com uma aceleração impressionante das mudanças estruturais, ocasionadas pela mundialização da economia.

---

[128] SPYROPOULOS, Georges. El sindicalismo frente a la crisis: situación actual y prospectivas futuras. *RELASUR – Revista de Relaciones Laborales en América Latina* – Cono Sur. N. 4. Montevideo: OIT/ Ministerio de Trabajo y Seguridad Social – España, 1994. p. 95.

[129] SPYROPOULOS, 1994, p. 95.

3.4 Declaração de princípios da OIT sobre as empresas multinacionais e a política social

Conforme Celso Furtado,

> a estratégia de uma empresa transnacional é algo de grande complexidade e pressupõe um forte entrosamento com as estruturas de poder político sobre as quais tem crescente influência. Explica-se assim o debilitamento do poder sindical e o declínio das políticas de pleno emprego[130].

O Conselho de Administração da OIT aprovou, na 204ª Reunião, em novembro de 1977, a Declaração Tripartite de Princípios sobre as Empresas Multinacionais e a Política Social, que, como explica Georgenor de Sousa Franco Filho, não tem a força vinculante de tratado *strictu sensu*, representando um elenco de princípios que deve nortear o comportamento da sociedade.

Na dicção de Jorge Rosenbaum e Octavio Racciatti[131], esse instrumento constitui um guia sobre os "*aspectos sociais das atividades das empresas multinacionais, incluindo a criação de emprego nos países em desenvolvimento*". Existe um mecanismo de seguimento, consistindo em uma informação periódica sobre a aplicação da declaração, e um procedimento de interpretação para casos específicos, supervisionados pela Subcomissão de Empresas Multinacionais do Conselho de Administração. Essa subcomissão informa diretamente ao Conselho de Administração, e se ocupa de examinar: a) as medidas adotadas no cumprimento da Declaração Tripartite de Princípios sobre

[130] FURTADO, Celso. *O longo amanhecer*: reflexões sobre a formação do Brasil. Rio de Janeiro: Paz e Terra, 1999. p. 22/23.

[131] FURTADO, cit., p. 190/191.

as Empresas Multinacionais e a Política Social (e em particular do exame trienal do curso dado à mesma); b) as solicitações de interpretação da Declaração; e c) as medidas relativas às empresas multinacionais adotadas pela OIT, e outros organismos, no entendimento de que os demais aspectos das atividades das empresas multinacionais poderiam ser tratados, como necessário, em outras comissões.

Relativamente à negociação coletiva, a Declaração prevê que:

a. os trabalhadores das empresas transnacionais podem indicar as organizações que julguem representativas com fim de negociação, sem a necessidade de presença do Estado ou de seu representante;

b. as convenções coletivas podem ser celebradas para estabelecer condições de emprego;

c. é reconhecida a garantia de não sofrer ameaças pelo exercício do direito de sindicalização; e

d. devem ser fornecidos, pelas empresas transnacionais, aos representantes dos empregados, dados efetivos e concretos, conforme a Recomendação 129, para fim de negociação.

3.5 A Declaração Sociolaboral do Mercosul

Em 10 de dezembro de 1998, os Chefes dos Estados Partes do Mercado Comum do Sul assinaram, no Rio de Janeiro, a Declaração Sociolaboral do MERCOSUL (DSLM), pela qual, no art. 10, mencionou-se, a respeito da negociação coletiva, o seguinte: os empregadores ou suas organizações e as organizações ou representações de trabalhadores têm direito de negociar e celebrar convenções e acordos coletivos para regular as condições de trabalho, em conformidade com as legislações e práticas nacionais.

Amauri Mascaro Nascimento assevera, interpretando esse diploma internacional, estarem atendidas as garantias de negociação coletiva e do direito de greve, previstos em nosso país, uma vez que

> dispõe de um sistema de formas preventivas e alternativas de autocomposição dos conflitos de trabalho, com a utilização de procedimentos independentes e imparciais de solução de controvérsias, como são as jurisdicionais, precedidos da tentativa da negociação coletiva e da mediação do Ministério do Trabalho e Emprego e Procuradoria da Justiça do Trabalho[132].

Esse autor, entretanto, não reconhece autoaplicabilidade na Declaração, atribuindo-lhe apenas "*efeitos programáticos*", isso porque não teria

> validade jurídica no sentido de incorporar-se aos ordenamentos jurídicos internos de cada país. Porém, adquire a dimensão de um conjunto de princípios aos quais esses ordenamentos devem adequar-se, numa perspectiva de harmonização do direito do trabalho no Mercosul[133].

Observe-se que a DSLM sintetiza diversos princípios, e direitos, na área do direito sindical e coletivo do trabalho, levando em consideração a decisão dos Estados Partes de consolidar em um instrumento comum os progressos já alcançados na dimensão social do processo de integração e sustentar os avanços futuros e constantes no campo social, sobretudo mediante a ratificação e cumprimento

---

[132] NASCIMENTO, Amauri Mascaro. *Compêndio de direito sindical*. 4. ed. São Paulo: LTr, 2005. p. 110.

[133] NASCIMENTO, 2005, p. 109/110.

das principais Convenções da OIT, além de outros instrumentos e Declarações de ordem internacional.

Não há qualquer dúvida que a DSLM não obteve aprovação legislativa, nem tampouco ratificação pelos Estados Partes. Além do mais, não há em seu texto disposição exigindo o cumprimento de mecanismo aprovador ou internalizante para sua vigência e aplicação.

De qualquer modo, e como notícia auspiciosa do seu valor jurídico, em várias decisões judiciais da 6ª Turma da Câmara Nacional do Trabalho da Argentina, especialmente nos votos do Juiz Capón Filas, aplicou-se a DSLM. Como esclarece o Primeiro relatório sobre a aplicação do direito do MERCOSUL pelos Tribunais nacionais, "em algumas decisões, ela foi reconhecida como hierarquia superior às leis internas, considerando sua derivação do Tratado de Assunção (TA) e o disposto no art. 75, inc. 24, da Constituição Argentina"[134].

Esse mesmo autor, como juiz, em determinado caso concreto, apontou que "o Mercosul é um espaço destinado a melhorar as condições de vida de seus habitantes". Afirmou, ainda, que "a sentença recorrida deveria ser reformada, já que, ao denegar ao autor uma remuneração justa, provoca um retrocesso no Tratado de Assunção, e que a DSLM, por ser derivada desse tratado, é superior às leis (com citação do art. 75, inc. 24, da Constituição Nacional)"[135].

---

[134] *Primeiro relatório sobre a aplicação do direito do Mercosul pelos tribunais nacionais* (2003) Montevideo: Secretaría del Mercosur, Foro Permanente de Cortes Supremas del Mercosur y Asociados, Fundación Konrad Adenauer (editores), 2006. p. 133.

[135] PRIMEIRO..., 2006, p. 134.

3.6 O *dumping* social diagnosticado mas não solucionado

O *dumping* social, segundo o magistério de Carina Frahm e Marco Antônio César Villatore[136], constitui prática da qual governos e empregadores de países altamente desenvolvidos frequentemente acusam governos menos desenvolvidos, porque estes deliberadamente negligenciariam regras trabalhistas. Esse conceito, então, é invocado, segundo os mesmos autores,

> com o intuito de proteger o mercado interno de países desenvolvidos, das mercadorias produzidas pela mão de obra considerada carente de direitos mínimos do trabalhador: longas jornadas de trabalho, utilização de mão de obra infantil, precário sistema previdenciário etc.

Recordando o exemplo do uso da mão de obra infantil na produção de bolas de futebol da NIKE no Paquistão, Vietnã, China e Indonésia, Frahm e Villatore[137] sintetizam a compreensão do tema, dizendo:

> como o salário do trabalhador representa relevante obstáculo para o aumento do lucro, explora-se a mão de obra para a obtenção de menores custos de produção, o que permite também a diminuição do preço de venda, instigando, assim, a prática de *dumping* social.

---

[136] FRAHM, Carina; VILLATORE, Marco Antônio César. *Dumping* social e o direito do trabalho. *In:* VIDOTTI, Tárcio José; GIORDANI, Francisco Alberto da Mota Peixoto (Coord.). *Direito coletivo do trabalho em uma sociedade pós-industrial* – homenagem ao Ministro Antonio José de Barros Levenhagen. São Paulo: LTr, 2003. p. 150/151.

[137] VIDOTTI; GIORDANI, 2003, p. 151.

Segundo Georgenor de Sousa Franco Filho[138], o grave problema do *dumping* social ocorre "porque as empresas transnacionais costumam se implantar nos países onde a mão-de-obra é mais barata, promovendo tratamento diverso, porquanto geralmente atuando nos diversos processos de integração, tendem a subverter esses a seu interesse".

Manifestação dessa natureza pode-se dar em pelo menos três formas, na lição de Luiz Carlos Amorim Robortella:[139]

a. empresas transferem-se de um para outro Estado em busca de menor custo de mão de obra e vantagens tributárias;

b. fixação interna de salários baixos para atrair empresas estrangeiras; e

c. trabalhador transfere-se para o Estado que oferecer mais proteção e maior *salário*, o que agrava a situação econômico-social.

3.7 A negociação coletiva no Mercosul

Registraram Jorge Rosenbaum e Octavio Racciatti que

> o fundamento jurídico da negociação coletiva regional no Mercosul provém das normas internacionais sobre liberdade sindical e negociação coletiva (o princípio da liberdade sindical emana da ratificação da Constituição da OIT), assim como do reconhecimento do diálogo social na Declaração Sociolaboral do Mercosul de 10.12.98[140].

---

[138] VIDOTTI; GIORDANI, cit., p. 297.

[139] ROBORTELLA, Luiz Carlos Amorim. As relações de trabalho no MERCOSUL. *Revista LTr*, São Paulo, v. 57, n. 11, p. 1312-1.317, 1993, p. 1.315.

[140] ROBORTELLA, 1993, p. 195.

Como se há de recordar, esse importante documento estabelece, no art. 13, sob o título Diálogo Social, o seguinte:

> os Estados-Partes comprometem-se a fomentar o diálogo social nos âmbitos social e regional, instituindo mecanismos efetivos de consulta permanente entre representantes dos governos, dos empregadores e dos trabalhadores, a fim de garantir, mediante o consenso social, condições favoráveis ao crescimento econômico sustentável e com justiça social da região e a melhoria das condições de vida de seus povos.

Relativamente às Convenções da OIT sobre negociação coletiva, a 98, sobre direito de sindicalização e negociação coletiva, foi ratificada por todos os Estados-Partes do MERCOSUL e a 154, sobre o fomento da negociação coletiva, o foi pela Argentina, Brasil e Uruguai, e a 87, sobre liberdade sindical, não conta, apenas, com a ratificação do Brasil.

O governo argentino assinalou a possibilidade do desenvolvimento de uma negociação coletiva regional, de forma expressa, em sua resposta ao Comitê de Liberdade Sindical, no caso relativo à suspensão de convenções coletivas nos portos e o transporte marítimo e fluvial, quando manifesta seu interesse na possível negociação de um convênio coletivo em nível de Mercosul, através do ex-Subgrupo 11[141].

Seguindo a Oscar Ermida Uriarte[142], as formas possíveis de uma negociação coletiva regional no Mercosul poderiam ser as seguintes:

---

[141] Comitê de Liberdade Sindical. Queixa contra o Governo da Argentina apresentada pela Confederação Geral do Trabalho da República Argentina (CGT) e a Confederação Internacional de Organizações Sindicais Livres (CIOSL). Informe nº 292, Caso nº 1.684.

[142] *Apud* ROSENBAUM; RACCIATTI, cit., p. 196.

a. a demais alto nível, a de maior centralização, é o acordo marco. O FCES pode constituir um âmbito no qual desenvolver formas atípicas da negociação coletiva;
b. a segunda modalidade – também atípica ou imperfeita – poderia tentar-se através de comissões consultivas paritárias;
c. a terceira forma possível pode estar constituída por convênios coletivos por ramo de âmbito supranacional;
d. a quarta e última modalidade possível é a negociação supranacional (geográfica e politicamente centralizada) por empresa (funcionalmente descentralizada): convênios coletivos regionais de empresa.

Quanto aos atores, que podem praticar a negociação coletiva transnacional, no âmbito do MERCOSUL, Georgenor de Sousa Franco Filho (1998) indica: Coordenação de Centrais Sindicais do Cone Sul e Conselho Industrial do MERCOSUL[143].

Jouberto de Quadros Pessoa Cavalcante monta um quadro comparativo das formas extrajudiciais de solução de conflitos coletivos de trabalho nos Estados Partes do MERCOSUL[144].

3.8 Os fatores que aumentam ou diminuem a possibilidade da negociação coletiva internacional

Em ensaio de grande profundidade, Jorge Rosenbaum e Octavio Racciatti assinalam existirem fatores que favorecem e outros que debilitam a negociação coletiva internacional[145].

---

143 ROSENBAUM; RACCIATTI, cit., p. 299.

144 CAVALCANTE, Jouberto de Quadros Pessoa. *MERCOSUL*: a integração, o direito e os conflitos coletivos de trabalho. Rio de Janeiro: Lumen Juris, 2006. p. 197/201.

145 ROSENBAUM, Jorge; RACCIATTI, Octavio. Negociación colectiva internacional. *Revista de Direito do Trabalho*, ano 26, nº 100. São Paulo: Revista dos Tribunais, out.-dez. 2000. p. 160/170.

Tendo-se em conta esse estudo, sinteticamente, foram considerados como principais fatores que favorecem a negociação coletiva internacional: a) que a integração dos países da região em um mercado comum, nas características do MERCOSUL, deveria abrir o caminho até a expansão da autonomia coletiva; b) que tanto a globalização econômica como a integração regional, que operam sobre a produção, o comércio, as comunicações e as finanças, se convertem em agentes ativos para modificar o sistema social, impulsionando um redimensionamento dos sistemas de relações trabalhistas, apresentando um novo contexto para que se desenvolvam. Nesse cenário do mundo econômico e social, que afeta as relações trabalhistas, pode-se admitir que inevitavelmente se tenda à internacionalização dos atores e de suas relações, e essa circunstância deveria também operar por si mesma como um estímulo à negociação coletiva internacional; c) que a importante expansão das empresas multinacionais, e da integração de empresas e/ou grupos de empresas entre si, para enfrentar os desafios da competitividade internacional, no esquema de globalização que impera na realidade presente, configura uma peça a mais, das diversas formas, processos, estruturas e relações que transcendem ao *"Estado-nação"* e desenha parte das *"economias-mundo"*.

No outro lado da linha, seguindo os mesmos doutrinadores, encontram-se os principais fatores que debilitam a negociação coletiva internacional, e que podem ser resumidos da seguinte maneira: a) a inadequação das estruturas das organizações sindicais e das organizações de empregadores para esse fim; b) ausência de uma vontade negociadora efetiva e convincente nos interlocutores sociais para concluir normas coletivas. Essa realidade – ainda com diversidade de graus e matizes – constitui um fenômeno bastante generalizado no mundo, porém muito mais na região e ainda em países que, como Argentina e Uruguai, possuem uma tradição de práticas nessa matéria; c) carências atuais do sindicalismo – as organizações de trabalhadores não possuem poder suficiente para levar as organizações de empregadores e os grupos multinacionais a sentar-se em uma mesa de negociações; d) a debilidade sindical no mercado, onde a empresa assume um papel de protagonista e as organizações gremiais perderam pé, possuindo um papel cada vez menos decisivo; e) acúmulo de dificuldades práticas, que operam como freio a um adequado desenvolvimento da negociação coletiva internacional, muitas das quais se acentuam, ou respondem quase exclusivamente à realidade regional, à qual pertencem os países da área; f) problemas técnicos (jurídicos) que se encontram ao seu redor – a existência de uma diversidade de legislações nacionais sobre negociação coletiva, e a paralela ausência de um ordenamento internacional unitário a respeito, constituem uma barreira quase intransponível para uma negociação coletiva multinacional.

Conforme registro de Gerardo Cedrola Spremolla[146], citando H. Northory e R. Rowan, as críticas à negociação coletiva internacional foram convertidas em uma lista já "clássica" de impedimentos:

1. as diversas legislações, ou, mais estritamente, a regulação diversa que da negociação coletiva fazem as diversas legislações dos Estados;
2. a resistência dos empregadores;
3. a falta de preparo sindical;
4. a falta de convicção dos trabalhadores;

---

[146] PREMOLLA, Gerardo Cedrola. Negociación colectiva internacional: realidad o utopía? *RELASUR – Revista de Relaciones Laborales en América Latina – Cono Sur*. N. 6. Montevideo: OIT/Ministerio de Trabajo y Seguridad Social – España, 1995. p. 70.

5. os obstáculos devidos à política macroeconômica dos governos.

3.9 A imponderabilidade quanto ao futuro – um enigma a ser decifrado – a viabilidade da proteção dos direitos de personalidade via negociação coletiva

A negociação coletiva internacional segue sendo um grande enigma a ser decifrado e descoberto. Adrián O. Goldin e Silvio Feldman[147] consideram-na

> como um processo com certos traços convergentes, a partir de realidades significativamente diferentes que, por sua vez, abre novas perspectivas a respeito da representação potencial que pode jogar a negociação coletiva como fonte normativa no processo de integração e, mais em geral, a participação dos protagonistas sociais em seus avanços e estilo de desenvolvimento.

Na verdade, e o mais importante, não se trata de constatar a existência de uma série de organizações internacionais, para possibilitar a negociação coletiva transnacional. Muito mais do que isso, trata-se de impulsionar um duplo processo de construção organizacional e de atuação, dentro e fora dos Estados nacionais, como explicita Antonio Baylos: a) em nível supranacional, fortalecendo uma organização sindical para agir de forma autônoma, que não se limite a mera coordenação de sindicatos nacionais; b) de forma paralela, e

---

[147] GOLDIN, Adrián O.; FELDMAN, Silvio. Relaciones colectivas del trabajo en Mercosur (sobre una hipótesis de convergencia). *RELASUR – Revista de Relaciones Laborales en América Latina – Cono Sur*. N. 7. Montevideo: OIT/Ministerio de Trabajo y Seguridad Social – España, 1995. p. 68.

simultânea, os sindicatos estatais deverão desenvolver um âmbito de atuação próprio à dimensão supranacional da sua ação sindical[148].

Georgenor de Sousa Franco Filho[149] assinala, com precisão, "que a negociação coletiva transnacional, longe de ser novidade no Direito do Trabalho, é prática que deve ser incentivada e apoiada, porque resulta da realidade de hoje, irrefreável no futuro".

A entendermos o direito não apenas como aquilo que é posto, mas o que pode ser conquistado, recriado, a negociação coletiva internacional pode tornar-se um instrumento metódico, eficiente e ágil para aprimorar as relações mundializadas das empresas com os trabalhadores.

Na sociedade em que vivemos, denominada de pós-moderna, ou pós-industrial, o direito do trabalho (seja o individual, seja o coletivo – sindical) movimenta-se no sentido do respeito aos direitos fundamentais dos trabalhadores, com a finalidade de implantar "o império da dignidade do trabalhador como pessoa humana, como ser que produz em benefício da sociedade"[150].

Nesse sentido, pode-se afirmar, sem sombra de dúvida, que os direitos fundamentais (aí considerados, também, os direitos de personalidade), exercem dupla função: "limitam o exercício do poder do empregador no curso da relação de emprego e representam barreira oposta à flexibilização das condições de trabalho mediante negociação coletiva"[151].

---

[148] GOLDIN; FELDMAN, cit., p. 28.

[149] GOLDIN; FELDMAN, cit., p. 305.

[150] ROMITA, Arion Sayão. *Direitos fundamentais nas relações de trabalho*. 3. ed. São Paulo: LTr, 2009. p. 422.

[151] ROMITA, 2009, p. 422.

Como assinala, lucidamente, Alice Monteiro de Barros, a convenção coletiva (que é o resultado concreto da negociação coletiva) traduz, seguramente, uma afirmação do poder do sindicato e "*da faculdade que lhe foi atribuída no sentido de resolver problemas e de melhorar as condições de vida dos trabalhadores*"[152].

Chegou a hora, pois, de reelaborar a negociação coletiva para que a sua efetividade ultrapasse as barreiras nacionais, seja um ímã agregador das reivindicações do proletariado internacional, estabelecendo, ainda, uma certa previsibilidade na atividade mundializada das empresas.

Torna-se necessário, portanto, sugerir, fundamentadamente, que a Organização Internacional do Trabalho (na frente...) e os blocos supranacionais (União Europeia, MERCOSUL, NAFTA...) avancem na direção de um ordenamento mínimo, estabelecedor de regras mínimas no relacionamento capital e trabalho.

Tendo havido modificação no relacionamento entre instituições políticas e econômicas, tornou-se imprescindível elaborar um novo ordenamento que considere técnicas e categorias conceituais divergentes "*das que são empregadas nos modelos culturais dominantes, no campo do direito do trabalho*"[153].

Para essa tarefa de reordenamento, a pesquisa acadêmica no campo das relações do trabalho se torna essencial, assimilando novos padrões comportamentais dos trabalhadores e novas técnicas empresariais para assegurar, sempre, e em qualquer hipótese, a preservação dos direitos fundamentais e de personalidade, ingredientes essenciais da cidadania e da civilização humana.

---

[152] BARROS, Alice Monteiro de. *Curso de direito do trabalho*. 5. ed. São Paulo: LTr, 2009. p. 1270.

[153] GOMES, Orlando. *Escritos menores*. São Paulo: Saraiva, 1981, p. 191.

O PROCESSO ELETRÔNICO SOB A ÓTICA DOS DIREITOS FUNDAMENTAIS

4.1 O tempo e o processo

Quando se fala em conflito levado ao Poder Judiciário, a primeira indagação levantada sempre é: quanto tempo levará a solução definitiva?

Não se pergunta quando será a primeira audiência, quando serão realizadas as provas, quando o juiz encerrará a instrução e proferirá a sentença. Ou, quanto tempo levará até o recurso ser examinado pelo Tribunal, incluído o julgamento dos embargos declaratórios. Quando o novo recurso ao Tribunal Superior será apreciado, ou, havendo matéria constitucional, quando o Supremo Tribunal Federal receberá os autos e proferirá a decisão definitiva ou, finalmente, quando, retornando os autos à Vara será iniciada e terminada a fase executória, recebendo aquele que venceu a demanda o seu direito reconhecido judicialmente.

O que as partes desejam saber, simplesmente, é: quando acontecerá o fim da disputa judicial. Essa previsão torna-se quase impossível fazer, pois não existem parâmetros objetivos, concretos, para indicar (ainda que em cálculo aproximado) o tempo da duração de um processo judicial.

Essa angústia existente (sobre o tempo da demora de um conflito judicial) entranhou-se de tal forma entre as partes, operadores do direito e sociedade, que a salvadora regra veio por intermédio da Emenda Constitucional nº 45, de 2004. Acreditou-se no Poder Legislativo que a existência de uma norma do constituinte derivado poderia trazer previsibilidade ao deslinde de um processo judicial (e, quem sabe, segurança jurídica às partes!).

Promulgou-se a mencionada Emenda Constitucional em dezembro de 2004, trazendo-se a lume o novo inciso LXXVIII do art. 5º da Constituição de 1988, cujo texto é o seguinte:

> A todos, no âmbito judicial e administrativo, são assegurados a razoável duração do processo e os meios que garantam a celeridade de sua tramitação.

Mas como assegurar a todos, no âmbito judicial, e também no administrativo, a razoável duração do processo? Ainda, os meios garantidores da celeridade da tramitação processual?

Duração razoável do processo: esta passou a ser a principal obsessão do Poder Judiciário, a partir da Emenda Constitucional nº 45, acompanhada de perto por Advogados, Ministério Público, Poderes

Executivo e Legislativo e, principalmente, pela sociedade, por aqueles que se encontram litigando no sistema judicial.

José Carlos de Araújo Almeida Filho assinala que temos, no Brasil, falta de acesso à justiça. Mas, quando o acesso é viável, existe uma morosidade injustificada. Menciona esse autor que o texto do inciso LXXVIII do art. 5º. objetiva "ainda que subjetivamente, reduzir o tempo de tramitação processual". Embora reconheça ser subjetivo o que se possa entender pela terminologia "razoável tramitação", considera importante "o fato de o legislador ter inserido sua preocupação com a celeridade no texto constitucional"[154].

Ao escrever sobre o nascimento do instituto da repercussão geral, a reforma do sistema judiciário no Brasil, e, sobretudo, a racionalização judicial, o Ministro do Supremo Tribunal Federal Gilmar Ferreira Mendes assinalou, emblematicamente, que Poder Judiciário célere e desenvolvimento econômico de um país estão umbilicalmente entrelaçados. Assim, os esforços desenvolvidos para modernizar o sistema de justiça brasileiro devem servir "não só para garantir a concretização do direito constitucional de acesso à justiça, mas, além disso, de estímulo para o desenvolvimento do País"[155].

Há, doutrinariamente, quem desacredite do princípio constitucional da "*duração razoável do processo*", pois a norma do inciso LXXVIII do art. 5º conteria "*uma solene declaração de princípios*

---

[154] ALMEIDA FILHO, José Carlos de Araújo. *Processo eletrônico e teoria geral do processo eletrônico*: a informatização judicial no Brasil. Rio de Janeiro: Forense, 2010. p. 48/49.

[155] MENDES, Gilmar Ferreira. Reforma do sistema judiciário no Brasil: repercussão geral e racionalização judicial. *In:* MARTINS FILHO, Ives Gandra; DELGADO, Mauricio Godinho; PRADO, Ney; ARAÚJO, Carlos (Coord.). *A efetividade do direito e do processo do trabalho*. Rio de Janeiro: Elsevier, 2010. p. 107.

que, todavia, no plano da realidade prática, corre sério risco de converter-se em retórica inconsequente"[156].

Para que a prestação jurisdicional ocorra com a celeridade prometida, deveria haver: a) juízes em número suficiente, e que cumprissem os prazos legais; b) estruturas administrativas adequadas; c) aparatos tecnológicos; d) e dotações orçamentárias. Vale dizer, meios materiais e recursos humanos necessários e suficientes[157].

A preocupação do doutrinador antes citado tem razão de ser, porque o crescimento do número de processos judiciais no Brasil tem superado até o aumento da população. Com efeito, "*de 2007 para 2008, 'nasceram' 2,4 milhões de novas ações no país contra menos de 2 milhões de brasileiros*". Em 2008 a quantidade de processos aumentou 3,4% em relação a 2007, saltando de 67,7 milhões para um total de 70,1 milhões de ações em todo o país. Entretanto, no mesmo período, "*a estimativa do IBGE indica que a população subiu 1,03%, de 187,64 milhões para 189,61 milhões*"[158].

Segundo Walter Ceneviva, o Poder Judiciário enfrenta o dilema de "*melhorar a qualidade e a velocidade de seus serviços ou perder espaço e respeito em sua missão de julgar*". Assegura esse articulista, muitos milhões de processos em andamento no Judiciário brasileiro "*não têm a menor possibilidade de julgamento a curto prazo*"[159].

Os efeitos da delonga podem ser, e são, muitas vezes, devastadores, aumentando os custos para as partes e pressionando

---

[156] TEIXEIRA FILHO, Manoel Antonio. *Breves comentários à reforma do Poder Judiciário (com ênfase à justiça do trabalho)*: emenda constitucional nº. 45/2004. São Paulo: LTr, 2005. p. 24.

[157] TEIXEIRA FILHO, 2005, p. 24.

[158] Processos judiciais crescem mais que a população brasileira. *Jornal Gazeta do Povo*, de Curitiba-PR. Edição de 18/11/2009.

[159] CENEVIVA, Walter. Na busca de melhor justiça. *Jornal Folha de São Paulo*, 06/06/2009. p. C-2

"os economicamente fracos a abandonar suas causas ou aceitar acordos por valores muito inferiores àqueles a que teriam direito"[160].

Segundo reconhece explicitamente a Convenção Europeia para Proteção dos Direitos Humanos e Liberdades Fundamentais, no art. 6º, § 1º, "a Justiça que não cumpre suas funções dentro de um prazo razoável, é, para muitas pessoas, uma Justiça inacessível"[161].

Tornou-se inevitável, como é sabido, recorrer à tecnologia, especialmente à informática, para tentar dar celeridade à solução dos conflitos, racionalizando o serviço judicial.

Desde logo, porém, defrontou-se essa opção como um enorme problema: "a tecnologia está simplesmente avançando depressa demais, em um número excessivo de categorias, difícil de ser acompanhada até por um especialista astuto"[162].

Essa intrusão da tecnologia é tal que se recorre, quase sempre, a duas analogias:

> assim como é impossível falar sobre a natureza da existência humana sem falar sobre o cérebro, e assim como era antes inconcebível – e ainda é, para muitos – pensar no universo sem considerar Deus, é também impossível discutir a estrutura da vida do século XXI sem voltar, de novo e inevitavelmente, à tecnologia[163].

---

[160] CAPPELLETTI, Mauro; GARTH, Bryant. *Acesso à justiça.* Tradução de Ellen Gracie Northfleet. Porto Alegre: Sergio Fabris, Editor, 1988. p. 20.

[161] CAPELLETTI; GARTH, 1988, p. 20-21.

[162] POPCORN, Faith; HANFT, Adam. *O dicionário do futuro*: as tendências e expressões que definirão nosso comportamento. Tradução de Maurette Brandt. Rio de Janeiro: Campus, 2002. p. 369.

[163] POPCORN; HANFT, 2002, p. 369.

Para mostrar-se a rapidez dessas transformações basta lembrar o exemplo dado por Thomas L. Friedman em seu livro *"O mundo é plano"*. Menciona esse autor que a primeira era da globalização, denominada 1.0 (um ponto zero), estendeu-se de 1492 (Colombo inaugura o comércio entre o Velho e o Novo Mundo) até por volta de 1800. Nesse período o mundo foi reduzido de grande para médio, sendo a questão básica como meu país se insere na concorrência e nas oportunidades globais. A segunda era, rotulada de globalização 2.0 (dois ponto zero), durou mais ou menos de 1800 a 2000, diminuindo o mundo do tamanho médio para o pequeno, sendo a grande indagação: como a minha empresa se insere na economia global? A terceira era, chamada de globalização 3.0 (três ponto zero), encolheu o tamanho do mundo de pequeno para minúsculo, tendo como força dinâmica a descoberta da capacidade dos indivíduos de colaborarem e concorrerem no âmbito mundial. Esse fenômeno deve-se à convergência entre o computador pessoal, o cabo de fibra ótica e o aumento dos softwares de fluxo do trabalho. Para sintetizar esse momento, que o mundo passou a viver bem em torno do ano 2000, pode-se afirmar o seguinte:

> O computador pessoal permitiu, subitamente, a cada indivíduo tornar-se o autor de seu próprio conteúdo em forma digital. O cabo de fibra ótica permitiu, subitamente, a todos aqueles indivíduos acessar cada vez mais o conteúdo digital no mundo por quase nada. O aumento dos softwares de fluxo de trabalho permitiu aos indivíduos de todo o mundo colaborar com aquele mesmo conteúdo digital estando em qualquer lugar, independentemente da distância entre eles. Ninguém previu essa convergência. Ela simplesmente aconteceu[164].

[164] FRIEDMAN, Thomas L. *O mundo é plano*: uma breve história do século XXI. Tradução de Cristina Serra, Sergio Duarte, Bruno Casotti. Rio de Janeiro: Objetiva, 2007. p. 19/22.

Tornou-se inevitável, portanto, que, no Brasil, tendo em vista o princípio da duração razoável do processo e a necessidade de usar a tecnologia no Poder Judiciário, sobreviesse uma lei tratando do tema. Isso ocorreu com a Lei 11.419, de 19 de dezembro de 2006, que dispõe sobre a informatização do processo judicial[165]. Essa lei admite o uso de meio eletrônico na tramitação de processos judiciais, comunicação de atos e transmissão de peças processuais (art. 1º.). Abrange, esse diploma, de forma indistinta, os processos civil, penal e trabalhista, e também os juizados especiais, em qualquer grau de jurisdição (art. 1º., § 1º.). Identificam-se três expressões, que passam a ser usadas no Poder Judiciário: meio eletrônico, transmissão eletrônica e assinatura eletrônica. Como meio eletrônico entende-se "qualquer forma de armazenamento ou tráfego de documentos e arquivos digitais" (art. 1º., § 2º., I). Transmissão eletrônica passa a ser entendida como "toda forma de comunicação a distância com a utilização de redes de comunicação, preferencialmente a rede mundial de computadores" (art. 1º., § 2º., II). Por fim, para o efeito de assinatura eletrônica, como forma de identificação inequívoca do signatário, considera-se: a) a assinatura digital baseada em certificado digital emitido por Autoridade Certificadora; b) o cadastro de usuário no Poder Judiciário.

O Tribunal Superior do Trabalho, por meio da Instrução Normativa nº 30, de 2007, editada pela Resolução 140, e publicada no Diário da Justiça por 30 dias, a partir de 18/09/2007, regulamentou, no âmbito da Justiça do Trabalho, a Lei nº 11.419, de 19 de dezembro de 2006, que dispõe sobre a informatização do processo judicial.

---

[165] BRASIL. *Lei 11.419, de 19 de dezembro de 2006*. Dispõe sobre a informatização do processo judicial: altera a Lei 5.869, de 11 de janeiro de 1973. Código de Processo Civil; e dá outras providências. D.O.U. de 20/12/2006.

O Tribunal Superior do Trabalho, a partir do segundo semestre de 2010, passou a operar, exclusivamente, com processo digital, o que inclui não só as ações que são ajuizadas nesse Tribunal, originariamente, mas, também, os recursos enviados pelos Tribunais Regionais do Trabalho[166].

Registrou-se, ainda, que, uma vez implantado, em todo o TST, o processo eletrônico, além de agilizar o trâmite processual, propiciaria economia anual da ordem de 11 milhões de reais, entre "despesas com correios, mão de obra terceirizada, mensageiros, grampos, papéis e outros materiais relacionados à existência de processos físicos". Esse Tribunal havia cancelado, em função do processo eletrônico, licitação que realizaria para aquisição de estantes para armazenamento de processos físicos: "somente com essa medida foram economizados um milhão e duzentos mil reais"[167].

A Resolução 94, de 23/03/2012, do Conselho Superior da Justiça do Trabalho, instituiu o sistema Processo Judicial Eletrônico da Justiça do Trabalho – PJr-JT, como sistema de processamento de informações e prática de atos processuais e estabeleceu os parâmetros para sua implementação e funcionamento[168].

Um ano depois, através da Resolução CSJT 128/2013, alterou a Resolução 94, em alguns aspectos (arts. 5º., 18, 20, 38, 39 e 48)[169].

Trata-se, portanto, num país de desigualdades gritantes, de reduzir custos da máquina judiciária. Recorde-se que, historicamente, se pensarmos como os Magistrados exerciam suas tarefas, inicialmente

---

[166] Segundo semestre iniciará com processo eletrônico em todo o TST. Medida trará agilidade processual e economia de recursos. Disponível em: www.tst.jus.br. Acesso em: 1º out. 2021.

[167] BRASIL, 1973.

[168] BRASIL. *Conselho Superior da Justiça do Trabalho*. Caderno Judiciário do CSJT, DEJT nº1305/2013, de 05/09/2013, p. 1/10.

[169] BRASIL, 2013, p. 10/12.

prolatavam suas decisões oralmente. Depois passaram a registrá-las em material diferente semelhante ao papel de hoje, escrevendo com alguma coisa parecida com as canetas atuais. Muito, muito recentemente, passaram a se usar as máquinas de escrever mecânicas, cujos erros datilográficos eram difíceis de corrigir-se, além dos carbonos necessários para produzir as cópias. Evoluiu-se para a máquina elétrica e eletrônica, e por volta da década de noventa para o computador – este apenas usado, inicialmente, como uma máquina de escrever sofisticada, que tinha duas grandes vantagens: as correções antes da impressão e a ausência do terrível barulho existente no matraquear das máquinas de escrever (um pouco reduzido apenas nas eletrônicas), e, ainda, as impressoras com papel remalinado, que já imprimiam com cópia.

4.2 As características do processo eletrônico (vantagens e desvantagens)

Chegamos no século XXI e não só o computador se sofisticou como guardador de arquivos, com memórias cada vez mais estendidas, como as máquinas impressoras hoje são, além de silenciosas, reprodutoras digitais com extremada perfeição.

As audiências no Poder Judiciário, especialmente no primeiro grau, realizam-se em forma extremamente antiquada. Nos depoimentos das testemunhas o juiz concede a palavra ao advogado, que pergunta; o juiz transmite a pergunta à testemunha, que responde; e o juiz, finalmente, reproduz as respostas para serem consignadas na ata. Isso era (e em muitos locais ainda continua sendo) motivo de intermináveis discussões entre juízes e advogados sobre o teor das respostas consignadas.

Houve certa evolução a respeito, de tal modo que, felizmente, já se produz o registro audiovisual dos depoimentos, com celeridade, segurança e eficiência. Segundo o Juiz responsável pela implantação desse sistema perante as Varas do Trabalho da 9ª. Região (Paraná), a maior vantagem seria permitir aos juízes do Tribunal "o conhecimento da totalidade da questão fática por seus próprios olhos, ou, pelos seus próprios processos perceptivos, e não através da visão do juiz de primeiro grau"[170].

Ressalta o professor e juiz, responsável primeiro pela implantação desse sistema na Justiça do Trabalho do Paraná, que antes de iniciado o depoimento, convém ao magistrado "orientar advogados, partes e testemunhas a respeito do registro audiovisual, inclusive, para permitir a mencionada dinamicidade, sem sobressaltos"[171].

Considera, também, o mencionado articulista e professor, extremamente relevante, no uso do procedimento, formular "advertência acerca da vedação de divulgação não autorizada dos registros audiovisuais a pessoas estranhas ao processo"[172].

Sendo a duração razoável do processo um objetivo a alcançar; e estando o processo eletrônico dentre as alternativas escolhidas para obter esse desiderato de forma mais econômica e racional, indaga-se: quais seriam as características principais do processo eletrônico? Adotando-se o processo eletrônico, quais seriam as vantagens e as desvantagens?

Conforme George Marmelstein Lima, o novo direito processual que surge, com o uso da tecnologia da informação, é totalmente diferente do que imaginaram os grandes processualistas do século

---

170 BARACAT, Eduardo Milléo. Registo audiovisual dos depoimentos: fundamentos jurídicos. *In*: GUNTHER, Luiz Eduardo (Coord.). *Jurisdição*: crise efetividade e plenitude institucional. Curitiba: Juruá, 2008. v. I. p. 187.

171 BARACAT, 2008, p. 187.

172 BARACAT, 2008, p. 187.

passado: "*Não há papel. Não há documentos físicos. Não há carimbos. Tudo é digital. Tudo é novo. Tudo é diferente*"[173].

Se a afirmação acima pode parecer exagerada, interessante esclarecer que foi feita em 20/12/2002 pelo autor mencionado e o que está acontecendo na Justiça brasileira vem lhe dando razão, a cada dia que passa.

O referido autor denomina esse novo processo, na onda dos modismos cibernéticos, de *e*-processo ou processo eletrônico. Refere, também, as características de que se reveste esse tipo de processo: a) máxima publicidade; b) máxima velocidade; c) máxima comodidade; d) máxima informação (democratização das informações jurídicas); e) diminuição do contato pessoal; f) automação das rotinas e decisões judiciais; g) digitalização dos autos; h) expansão do conceito espacial de jurisdição; i) substituição do foco decisório de questões processuais para técnicos de informática; j) preocupação com a segurança e autenticidade dos dados processuais; k) crescimento dos poderes processuais-cibernéticos do juiz; l) reconhecimento da validade das provas digitais; m) surgimento de uma nova categoria de excluídos processuais: os desplugados[174].

A legislação brasileira, sobre o processo eletrônico, estabeleceu, no art. 8º. da Lei 11.419, de 19/12/2006:

> Os órgãos do Poder Judiciário poderão desenvolver sistemas eletrônicos de processamento de ações judiciais por meio de autos total ou parcialmente digitais, utilizando, preferencialmente, a rede

---

[173] LIMA, George Marmelstein. *e-Processo*: uma verdadeira revolução procedimental. Disponível em: http://georgemlima.blogspot.com. Acesso em: 1º out. 2021.

[174] LIMA, 2021.

mundial de computadores e acesso por meio de redes internas e externas[175].

Os tribunais *"poderão"* desenvolver Sistemas Eletrônicos de Processamento de Ações Judiciais (SEPAJs), estabelece esse dispositivo legal. A utilização do verbo *"poder"* traduz alguma dificuldade de interpretação, dando a impressão de tratar-se de uma faculdade dirigida aos Tribunais. Isso não ocorre, porém. Os Tribunais não possuem autonomia para cumprir ou não o comando do legislador, que, nesse caso, é bem claro *"no sentido da informatização do processo judicial"*. Devem, pois, os tribunais *"desenvolver os sistemas de informática necessários"*, ainda que tenham que começar com a simples elaboração de proposta orçamentária[176].

Sebastião Tavares Pereira (2009) aponta quatro princípios fundamentais, pelos quais os juristas deveriam se orientar, para um SEPAJ: a) máxima automação; b) imaginalização mínima (ou da datificação pertinente); c) extraoperabilidade; d) prioridade à função judicante (ato de julgar)[177].

Pelo princípio da máxima automação deve se entender: *"tudo que for passível de automação deve ser automatizado, respeitados os princípios jurídicos materiais e processuais"*. O princípio da imaginalização mínima (ou da datificação pertinente) pode ser explicitado em dois enunciados: a) *"se o dado existir em formato mais adequado para a instrução processual, deve ser desprezada a imagem"*;

---

[175] CALMON, Petrônio. *Comentários à lei de informatização do processo judicial*: Lei 11.419, de 19 de dezembro de 2006. Rio de Janeiro: Forense, 2008. p. 95.

[176] CALMON, cit., p. 95/96.

[177] PEREIRA, Sebastião Tavares. Processo eletrônico, máxima automação, extraoperabilidade, imaginalização mínima e máximo apoio ao juiz: ciberprocesso. *Revista Trabalhista Direito e Processo*, ano 8, n. 30. Brasília: Anamatra: São Paulo: LTr, jul. 2009. p. 181/186.

ou b) "*o dado deve chegar ao SEPAJ na forma mais adequada para a máxima automação*". Pelo princípio da extraoperabilidade, "*um SEPAJ deve ser concebido como um subsistema autônomo e estruturalmente acoplado*". Por fim, o último dos princípios dá prioridade à função judicante (ao ato de julgar), pois "*um SEPAJ deve orientar-se pelo apoio máximo à função judicante estrita (ato de julgar)*"[178].

Tendo em conta algumas características mencionadas, é possível antever algumas vantagens e desvantagens do chamado processo eletrônico.

Iniciando-se pela enumeração de algumas vantagens, pode-se mencionar como a primeira delas a máxima publicidade. Sem dúvida, isso representará uma vantagem do processo eletrônico, permitindo não apenas o acompanhamento por qualquer interessado, mas, especialmente, "*uma maior fiscalização pública dos atos judiciais e administrativos praticados pelos membros do Poder Judiciário*". A segunda vantagem que se pode assinalar é a máxima velocidade, pela qual "*a comunicação dos atos processuais ocorrerá em tempo real*". Como terceira vantagem, pode-se mencionar a chamada democratização do acesso ao conhecimento do direito, pois "*com a internet, o acesso às informações jurídicas foi enormemente facilitado*". Uma quarta vantagem pode ser tida com a automação das rotinas, pela qual será automatizada "*boa parte do impulso processual, sobretudo a comunicação dos atos processuais*". Uma quinta (e última, de forma exemplificativa e não exaustiva) vantagem seria a expansão do conceito espacial da jurisdição. Por esta última ideia, "*as regras de competência*

---

[178] PEREIRA, 2009, p. 181/186.

territorial e internacional serão revistas. As relações jurídicas praticadas na internet não terão nacionalidade"[179].

O "processo virtual" ou "processo judicial eletrônico", constitui-se em um novo paradigma, substituindo o anterior sistema, que era marcado por um "excesso de atos repetitivos e burocráticos". Como afirma Paulo Cezar Alves Sodré, ao propiciar o encurtamento da distância temporal entre o momento inicial da ação judicial e a sua decisão final, nasce o novo paradigma, "*marcado pela instantaneidade da informação, com forte aptidão para colaborar na eliminação da morosidade processual*"[180].

Se existem vantagens, por certo existirão desvantagens, que disso é feita a vida, coisas boas e também ruins. No rol das desvantagens, podemos indicar duas que parecem mais visíveis atualmente: a) surgimento de uma nova categoria de excluídos processuais (os desplugados); e a b) falsificação de documentos processuais.

Quanto à primeira das desvantagens, sinaliza José Carlos de Araújo Almeida Filho: "*os que mais têm necessidade de acesso à justiça, conforme relatório da ONU, se encontram excluídos digitalmente ou marginalizados pela sociedade da informação*"[181].

Não se pode afirmar que a população mais carente poderá utilizar o processo eletrônico, mas sim, ao contrário, "*que o processo*

---

[179] LIMA, cit.

[180] SODRÉ, Paulo Cezar Alves. O processo judicial eletrônico: reflexos e consequências da sociedade da informação na administração do Poder Judiciário. *In:* MEIRELLES, Jussara Maria Leal de; RIBEIRO, Márcia Carla Pereira (Coord.). *Direito e desenvolvimento*: biomedicina, tecnologia e sociedade globalizada. Belo Horizonte: Fórum, 2011. p. (323/356). p. 354.

[181] ALMEIDA FILHO, cit., p. 49.

eletrônico excluirá grande parcela da sociedade, como se estivéssemos elitizando o processo"[182].

Para George Marmelstein Lima essa é a principal desvantagem do processo eletrônico, pois os "*desplugados*" são aqueles que não possuem conhecimentos em informática (analfabetos tecnológicos), "*não possuem computadores, linhas telefônicas ou nem mesmo são alfabetizados, ficarão isolados*"[183].

Conforme registrou o IBOPE, em 2005, no Brasil, o analfabetismo funcional atingia cerca de 68% da população. Como 7% da população era totalmente analfabeta, resulta que 75% da população "*não possuía o domínio pleno da leitura, da escrita e das operações matemáticas*". Essa constatação equivaleria a dizer que "*apenas 1 de cada 4 brasileiros (25% da população)*" podia ser considerado alfabetizado[184].

Analfabeto funcional é uma denominação que se dá à pessoa que, mesmo com a capacidade de decodificar minimamente as letras (geralmente frases, sentenças e textos curtos) e os números, "*não desenvolve a habilidade de interpretação de textos e de fazer as operações matemáticas*"[185].

Infelizmente, confirmou levantamento realizado em 2018, o indicador Nacional de Alfabetismo Funcional (INAF) mostrou que cerca de 30% dos brasileiros entre 15 e 64 anos são analfabetos funcionais. Outro dado preocupante, entre a população considerada funcionalmente alfabetizada, apenas 01 em cada 10 brasileiros,

---

[182] ALMEIDA FILHO, cit., p. 49/51.

[183] ALMEIDA FILHO, cit.

[184] ANALFABETISMO FUNCIONAL. Disponível em: http://pt.wikipedia.org/wiki/Analfabetismo_funcional. Acesso em: 1º out. 2021.

[185] ANALFABETISMO, cit.

podem ser considerados proficientes e aptos a analisar, por exemplo, gráficos de duas variáveis[186].

Dessa forma, ainda existe um abismo social entre os que têm acesso e os que não têm acesso às mídias digitais. Como assevera George Marmelstein Lima, "os desplugados serão párias processuais. Não terão acesso às informações jurídicas. Terão dificuldades em contratar um advogado. Serão facilmente ludibriados no mundo virtual"[187].

Como segunda desvantagem, assinala-se a possibilidade da falsificação de documentos processuais.

No mundo virtual, existe um submundo no qual vivem pessoas cuja maior diversão é violar sistemas de segurança, segundo George Marmelstein de Lima. Os processos digitais seriam, sem dúvida, um prato cheio para esses malfeitores cibernéticos, "*sobretudo se houver possibilidade de lucro com essa atividade*"[188].

A desvantagem, então, é que poderá haver tentativa de destruição de autos digitais, "*de adulteração de documentos ou simplesmente violação do sigilo dos processos que tramitam em segredo de justiça*". Portanto, a segurança e a autenticidade dos dados processuais tornam-se essenciais, pois o campo para fraudes torna-se amplo, "*e as punições esbarram na dúvida quanto à identidade do fraudador ou no território físico em que ele se encontra*"[189].

Possivelmente, com a experimentação do processo eletrônico, outras vantagens e desvantagens poderão ser encontradas. O certo é

---

[186] CAMPOS JUNIOR. Lázaro. 3 em cada 10 brasileiros não conseguem entender este texto. Disponível em: https://www.todospelaeducacao.org.br/conteudo/inaf-3-em-cada-10-brasileiros-nao-conseguiriam-entender-este-texto. Acesso em: 01 out. 2021.

[187] LIMA, cit.

[188] LIMA, cit.

[189] LIMA, cit.

que as vantagens decorrentes da agilidade e economia se agigantam relativamente às desvantagens. Não há, assim, hoje, processualista brasileiro que não reconheça (com o art. 5º., LXXVIII da Constituição e a Lei 11.419/2006) a necessidade premente da informatização do processo judicial, apesar dos riscos e das possíveis desvantagens.

4.3 A necessidade de garantir a observância dos direitos fundamentais

Os direitos fundamentais, ou aquilo a que se chama, ou é lícito chamar assim, podem ser considerados por três dimensões, pelo menos. A perspectiva filosófica ou jusnaturalista, por exemplo, pela qual podem ser vistos enquanto direitos de todos os homens, em todos os tempos e em todos os lugares. Sob uma perspectiva universalista ou internacionalista, podem ser considerados direitos de todos os homens, em todos os lugares, num certo tempo e, também, numa terceira dimensão, podem ser referidos aos direitos dos homens (cidadãos), num determinado tempo e lugar, vale dizer, em um Estado concreto, é a perspectiva estatal ou constitucional[190].

Como assinalado por Antonio E. Perez Luño, ocorre um estreito nexo de interdependência, genética e funcional, entre o Estado de Direito e os direitos fundamentais, já que "o Estado de Direito exige e implica para tê-lo garantir os direitos fundamentais, enquanto que estes exigem e implicam para sua realização o Estado de Direito"[191].

A Constituição brasileira estende os direitos fundamentais igualmente às relações entre pessoas e entidades privadas. Não se concebe, assim, tais direitos como meros limites ao poder do

---

[190] ANDRADE, José Carlos Vieira de. *Os Direitos Fundamentais na Constituição Portuguesa de 1976*. Coimbra: Almedina, 1987. p. 11/42.

[191] PEREZ LUÑO, Antonio E. *Los derechos fundamentales*. 9. ed. Madrid: Tecnos, 2007. p. 19.

Estado em favor da liberdade individual. Portanto, a Constituição e os direitos fundamentais por ela consagrados *"não se dirigem apenas aos governantes, mas a todos que têm de conformar seu comportamento aos ditames da Lei Maior"*[192].

Passa-se, a partir daí, a examinar as funções dos direitos fundamentais, que podem ser sintetizadas em quatro categorias: a) de defesa ou de liberdade; b) de prestação social; c) de proteção perante terceiros; d) de não discriminação[193].

A função de defesa ou de liberdade proíbe as ingerências dos poderes públicos na esfera jurídica individual, mas, também, implica no poder de exercer positivamente direitos fundamentais (liberdade positiva) e de exigir omissões dos poderes públicos, de forma a evitar agressões lesivas por parte dos mesmos (liberdade negativa). A função de prestação social dirige-se a garantir o direito do particular a obter algo através do Estado (saúde, educação, segurança social). A função de proteção perante terceiros significa que muitos direitos impõem um dever ao Estado (poderes públicos) no sentido de este proteger perante terceiros os titulares de direitos fundamentais, como, por exemplo: o direito de proteção de dados informáticos. Finalmente, a função de não discriminação, pela qual cumpre ao Estado tratar os seus cidadãos como fundamentalmente iguais[194].

Oportuno, então, recordar-se da obra *1984*, de George Orwell, que expressa um sentimento e uma advertência. O sentimento é de quase desespero acerca do futuro do homem e a advertência é que, a

---

[192] SARMENTO, Daniel. *Direitos fundamentais e relações privadas*. 2. ed. Rio de Janeiro: Lumen Juris, 2008. p. 235.

[193] CANOTILHO, J. J. Gomes. *Direito constitucional e teoria da constituição*. 3. ed. Coimbra: Almedina, 1999. p. 383/386.

[194] CANOTILHO, 1999, p. 383/386.

menos que o curso da história se altere: "*os homens do mundo inteiro perderão suas qualidades mais humanas, tornar-se-ão autômatos sem alma, e nem sequer terão consciência disso*"[195].

Quando se estuda o avanço dos computadores, em estado de contínuo aprimoramento, melhorando sua capacidade de processar um mundo em transformação, verificam-se revoluções em andamento e envolvem tudo, desde computação quântica e sem silício "*até a ideia de computação comunitária (a proposta de consolidar o poder de processamento de bilhões de computadores individuais em um só cérebro gigante, um imenso órgão planetário)*"[196].

O Dicionário do futuro prevê, relativamente à internet, uma ansiedade comparativa, uma onda de insegurança. A internet cria um mundo conectado em rede que permite a todos comparar tudo, instantaneamente. Quanto dinheiro você está ganhando em relação a pessoas de sua idade, formadas pela mesma universidade? Quantas palavras seu bebê conhece em comparação a milhões de bebês exatamente na mesma idade, no mundo inteiro? Essa capacidade de as pessoas se compararem com outras em questão de segundos, "*criará uma epidemia de ansiedade comparativa – uma onda nacional de insegurança*"[197].

Nada, porém, compara-se ao que ocorrerá em relação à privacidade. Já em 1890 (portanto, há mais de cem anos), no ensaio "*O direito à privacidade*", os juízes da Suprema Corte dos Estados Unidos, Louis Brandeis e Samuel Warren, chamaram a atenção para a invasão da nossa privacidade por "*empresas e invenções modernas*".

---

[195] FROMM, Erich (1961) – posfácio, *Apud* ORWELL, George. *1984*. Tradução Alexandre Hubner e Heloísa Jahn. São Paulo: Companhia das Letras, 2009. p. 365.

[196] POPCORN; HANFT, cit., p. 81.

[197] POPCORN; HANFT, cit., p. 204/205.

Não é, porém, apenas a internet que representa o perigo, embora ela certamente o enriqueça. *"Os microprocessadores em nossos carros e até as roupas que vestimos farão com que nosso paradeiro seja conhecido durante praticamente cada minuto do dia"*. E mais, *"impulsionada por essas inovações, a proteção da privacidade promete ser uma indústria de muitos bilhões de dólares"* ...[198].

Todas essas transformações tecnológicas (e problemas decorrentes) chegarão ao Poder Judiciário, mais cedo ou mais tarde. Além do mais, agigantou-se a atuação desse Poder, elevado a instância-mor de solucionador último dos conflitos sociais, especialmente pelo incremento daquilo que Mauro Cappelletti denominou de *"massificação da tutela jurídica"*[199].

Além disso, na prática da vida, cada aplicação de regras, necessariamente, envolve, de fato ou potencialmente, *"direitos fundamentais, obrigando o decisor a considerar sempre aqueles direitos, que podem ser afetados por sua decisão"*[200].

Robert Alexy esclarece, a respeito dos direitos fundamentais, cuja aplicabilidade bem pode ser direcionada a questões voltadas ao processo eletrônico: *"um juiz que aplica uma regra tem que estar seguro de que sua aplicação estrita não infringe nenhum direito fundamental"*[201].

O Poder Judiciário está, sem dúvida, em evidência nas sociedades contemporâneas. A adoção do processo eletrônico é uma das apostas que se faz no seu funcionamento com maior eficiência. O ex-Ministro do STF Carlos Velloso, aliás, sintetiza como os Poderes podem ser

---

[198] POPCORN; HANFT, cit., p. 357.

[199] CAPPELLETTI; GARTH, cit., p. 11/12.

[200] GALVÃO, Paulo Braga. FERREIRA, Fernando Galvão de Andréa. Interpretação judicial e direitos humanos. *In:* SARMENTO, Daniel; GALDINO, Flávio (Org.). *Direitos fundamentais*: estudos em homenagem ao Professor Ricardo Lobo Torres. Rio de Janeiro: Renovar, 2006. p. 717.

[201] ALEXY, Robert. *Derecho y razón práctica*. México: Fontanamara, 1993. p. 31.

considerados ao longo dos últimos séculos: "*se os séculos XVIII e XIX foram os séculos do Poder Legislativo e o século XX foi o século do Poder Executivo, o século XXI será o século do Poder Judiciário*"[202].

Ponderam vozes fortes que a independência dos magistrados constitui-se um dos aspectos fundamentais das suas atividades, para o pleno exercício das suas funções, o que poderia ser seriamente comprometido quando o que se conta exclusivamente é: "a) a celeridade do processo e b) a previsibilidade das decisões"[203].

Eros Grau, sobre a interpretação, assinala que ela consiste na produção, pelo intérprete, de normas jurídicas, a partir de textos normativos e dos fatos atinentes a um determinado caso. Dessa forma, a interpretação/aplicação opera a inserção do direito na realidade e é justamente "*nessa inserção do Direito na vida que os juízes podem desempenhar papel decisivo, mormente no que respeita aos direitos humanos*"[204].

Quando se examina o direito à privacidade como fundamental, é evidente que o processo eletrônico estará relacionado a essa problemática.

A internet e o processo eletrônico estarão, como irmãos siameses, andando juntos nessa caminhada para o futuro e se a internet trouxe tantos benefícios ao homem, pode, também, ser usada para o crime e para a invasão da privacidade, "*numa verdadeira afronta aos direitos da pessoa*"[205].

---

[202] VELLOSO, Carlos Mário da Silva. *Temas de direito público*. Belo Horizonte: Livraria Del Rey Editora, 1997. p. 137.

[203] GALVÃO, Paulo Braga; FERREIRA, Fernando Galvão de Andréa. Ob. cit., p. 726/727.

[204] GRAU, Eros Roberto. *Ensaio e discurso sobre a interpretação/aplicação do direito*. 3. ed. São Paulo: Malheiros, 2005. p. 55.

[205] TOMIZAWA, Guilherme. *A invasão de privacidade através da internet*. Curitiba: JM Livraria Jurídica, 2008. p. 31.

Luiz Alberto David Araujo esclarece, aliás, que o desenvolvimento tecnológico ameaçou o indivíduo, sua imagem, *"de tal forma que a proteção deve ser de molde a preservá-lo das violações produzidas pela captação e veiculação da imagem"*[206].

As ameaças à privacidade surgem, igualmente, da revolução provocada pelas possibilidades abertas através do *"tratamento automatizado dos dados pessoais"*, que nos transformou em *"pessoas eletrônicas"*[207].

O ponto central, segundo Mônica Sette Lopes, não está nas câmeras de vídeo, nem nas gravações ou na implantação de microfones a distância, mas, sim, na visibilidade proporcionada pela exposição aberta dos atos judiciais por meio eletrônico. Como registra essa autora: *"associada a essa disponibilização incondicionada de dados pela internet está a transformação da produção jurídica em notícia"*[208].

Duas perguntas, então, podem ser formuladas, segundo a autora mencionada. Em primeiro lugar, qual seria o limite para a preservação da intimidade das partes numa situação, juridicamente apropriável, que é contraposta à publicidade como um dado inerente ao processo? Como segunda pergunta: será que todo processo deve ser acessível a todos de forma incondicionada?[209]

A Constituição de 1988 cuidou de outorgar proteção jurídica no caráter programático centralizador do inciso III do art. 1º, onde refere a dignidade da pessoa humana como fundamento do Estado

---

[206] ARAUJO, Luiz Alberto David. *A proteção constitucional da própria imagem*: pessoa física, pessoa jurídica e produto. Belo Horizonte: Del Rey, 1996. p. 72.

[207] CASTRO, Catarina Sarmento de. *Direito da informática, privacidade e dados pessoais*. Coimbra: Almedina, 2005. p. 19.

[208] LOPES, Mônica Sette. Informação e imagem – a internet e a preservação da intimidade das partes. *Revista LTr*, vol. 73, n. 08. São Paulo: LTr, 2009. p. 946.

[209] LOPES, cit., p. 946.

de Direito. O tema projeta-se, ainda, no inciso X do art. 5º, onde está previsto ser inviolável *a intimidade, a vida privada, a honra e a imagem das pessoas*[210].

Há um aparente paradoxo quando se contrapõem as ideias de publicidade (vinculada ao exercício da jurisdição) e de respeito à privacidade. O inciso LX do art. 5º estabelece um limite para a lei, que só "*poderá restringir a publicidade dos atos processuais quando a defesa da intimidade ou o interesse social o exigirem*"[211].

O desafio a enfrentar é que a tecnologia não pode se transformar num monstro a fabricar suas próprias regras. O Poder Judiciário não pode, apenas, fingir que controla os efeitos do que faz. Cabe, sim, aos juízes, "*zelar pela inviolabilidade da vida privada da pessoa natural*"[212].

A Primeira Jornada de Direito Material e Processual da Justiça do Trabalho, realizada em Brasília em novembro de 2007, entre outros enunciados, sobre o tema, aprovou o de nº 14, que afirma:

> São vedadas ao empregador, sem autorização judicial, a conservação de gravação, a exibição e a divulgação, para seu uso privado, de imagens dos trabalhadores antes, no curso ou logo após a sua jornada de trabalho, por violação ao direito de imagem e à preservação das expressões da personalidade, garantidos pelo art. 5º, V, da Constituição[213].

Pode surgir colisão, também, entre o direito à imagem e o direito de informação jornalística, pois os meios de comunicação, quando

---

[210] LOPES, cit., p. 946.

[211] LOPES, cit., p. 947.

[212] LOPES, cit., p. 947.

[213] *Primeira Jornada de Direito Material e Processual daJustiça do Trabalho*. Coords.: Cláudio José Montesso, Maria de Fátima Coêlho Borges Stern, Leonardo Ely. São Paulo: LTr, 2008. p. 37.

atingem a esfera de intimidade pessoal de alguém, defendem-se argumentando que agiram no interesse público pela informação. Como nenhum direito é absoluto, um desses direitos deverá sofrer atenuações, e aí reside uma grande dificuldade. Entretanto, "*nenhuma informação, ainda que haja interesse jornalístico, poderá causar dano ao retratado, já que tem ele direito à preservação da sua imagem*"[214].

Relativamente ao princípio da publicidade, o processo eletrônico respeita-o quando "*assegura e amplia o conhecimento pelas partes de todas as suas etapas, propiciando-lhes manifestação oportuna*". Deve essa "nova forma de processo", com o uso da tecnologia, ensejar e ampliar o conhecimento público do que ocorreu no processo, "*bem como do conteúdo das decisões ali proferidas, para plena fiscalização da sua adequação pelas partes e pela coletividade*"[215].

Quanto ao devido processo legal, garantido em um Estado Democrático de Direito, o processo judicial eletrônico deve sujeitar-se às mesmas formalidades essenciais do processo tradicional, obedecendo: "*o procedimento legalmente previsto para a apuração da verdade, em uma sucessão concatenada de Atos Processuais*"[216].

Um acontecimento bastante grave, no entanto, e que já acontece com certa frequência, embora possa ser considerado ilegal, é a utilização, pelo órgão jurisdicional (de qualquer grau ou hierarquia), nas sentenças e acórdãos, "*de informações pertinentes aos fatos,*

---

[214] RODRIGUES, Edson Moreira. Inovação jurisdicional – direito de imagem como exteriorização da personalidade. *Cadernos da Escola Judicial do TRT da 4ª. Região*. Estudos de Administração Judiciária. Porto Alegre: HS Editora, 2009. p. 128.

[215] CLEMENTINO, Edilberto Barbosa. *Processo judicial eletrônico*. Curitiba: Juruá, 2009. p. 175/176.

[216] CLEMENTINO, 2009, p. 175.

hauridas diretamente por ele na rede mundial de computadores, como base para o seu convencimento"[217].

Ainda que se admita a iniciativa do juiz na busca dos documentos e sua juntada, as mesmas cautelas exigíveis com pertinência aos documentos tradicionais terão de ser adotadas com respeito aos chamados documentos eletrônicos. Precisam esses "documentos", como quaisquer outros, ser "*submetidos à crítica dos litigantes, em homenagem ao princípio do contraditório, quando não em obediência a normas processuais explícitas*"[218].

Esse fragmentado itinerário permite antever algumas das dificuldades que o processo eletrônico poderá apresentar, no momento em que começar, efetivamente, a ser utilizado, em escala, no Brasil.

Mas existirão, com certeza, outras dificuldades e possíveis soluções que surgirão ao longo do seu uso. Resta ao intérprete acompanhar esse itinerário e esperar que tenha êxito, atendendo, na medida do possível, pelo menos aquilo que se convencionou chamar "*duração razoável do processo*".

---

[217] FABRÍCIO, Adroaldo Furtado. Iniciativa judicial e prova documental procedente da internet. *In:* MARINONI, Luiz Guilherme (Coord.). *Estudos de direito processual civil*: homenagem ao Professor Egas Dirceu Moniz de Aragão. São Paulo: Revista dos Tribunais, 2005. p. 301.

[218] MARINONI, 2005, p. 300.

REFERÊNCIAS

ALEXY, Robert. **Derecho y razón práctica**. México: Fontanamara, 1993.

ALMEIDA FILHO, José Carlos de Araújo. **Processo eletrônico e teoria geral do processo eletrônico**: a informatização judicial no Brasil. Rio de Janeiro: Forense, 2010.

ALVARENGA, Rúbia Zanotelli de. **Direitos da personalidade do trabalhador e poder empregatício**. São Paulo: LTr, 2013.

ALVES, Alexandre Ferreira Assumpção. **A pessoa jurídica e os direitos da personalidade**. Rio de Janeiro: Renovar, 1998.

Analfabetismo funcional. Disponível em: http://pt.wikipedia.org/wiki/Analfabetismo_funcional. Acesso em: 1º out. 2021.

ANDRADE, José Carlos Vieira de. **Os Direitos Fundamentais na Constituição Portuguesa de 1976**. Coimbra: Almedina, 1987.

ANDRADE, Rosane de. **Fotografia e antropologia**: olhares fora-dentro. São Paulo: Estação Liberdade; EDUC, 2002.

ARAUJO, Luiz Alberto David. **A proteção constitucional da própria imagem**: pessoa física, pessoa jurídica e produto. Belo Horizonte: Del Rey, 1996.

ARAUJO, Luiz Alberto David; NUNES JÚNIOR, Vidal Serrano. **Curso de direito constitucional**. 14. ed. São Paulo: Saraiva, 2010.

ARENDT, Hannah. **A condição humana**. Tradução de Roberto Raposo. Introdução de Celso Lafer. Rio de Janeiro: Forense Universitária, 1987.

Argentina transforma em lei projeto de regulamentação de trabalho. Disponível em: https://domtotal.com/noticia/1462834/2020/07/argentina-transforma-em-lei-projeto-de-regulamentacaon-de-teletrabalho/. Acesso em: 1º out. 2021.

ARISTÓTELES, **Poética**. Tradução, comentários e índices analítico e onomástico de Eudoro de Souza. São Paulo: Os Pensadores/Abril Cultural. 1973, p. 462, item 128. p. 439/533.

AROUCA, José Carlos. **Curso básico de direito sindical**. São Paulo: LTr, 2006.

ATHANASIO, Lídia Clément Figueira Moutinho. Discriminação no trabalho: o caso dos empregados vítimas de acidentes de trabalho ou doenças ocupacionais. *In:* GUNTHER, Luiz Eduardo; SANTOS, Willians Franklin Lira dos; GUNTHER, Noeli Gonçalves da Silva (Coord.). **Tutela dos direitos da personalidade na atividade empresarial**. Curitiba: Juruá, 2010. v. III. p. 213/251.

BACILA, Carlos Roberto. **Estigma** – um estudo sobre preconceitos. Rio de Janeiro: Lumen Juris, 2005.

BARACAT, Eduardo Milléo. A discriminação do trabalhador com HIV/AIDS. **Jornal Gazeta do Povo**,15 jun. 2011.

BARACAT, Eduardo Milléo. Registo audiovisual dos depoimentos: fundamentos jurídicos. *In:* GUNTHER, Luiz Eduardo (Coord.). **Jurisdição**: crise efetividade e plenitude institucional. Curitiba: Juruá, 2008. v. I. p. 187.

BARBOSA, Álvaro Antonio do Cabo Notaroberto. **Direito à própria imagem**: aspectos fundamentais. São Paulo: Saraiva, 1989.

BARKOKEBAS, Rafael dos Anjos. A necessidade de uniformização das ferramentas empregadas no processo eletrônico. ***Jus Navigandi***, Teresina, ano 12, nº 1851, 26 jul. 2008. Disponível em: http://jus2.uol.com.br/doutrina/texto.asp?id=11536. Acesso em: 1º out. 2021.

BARONE, Isabelle; DESIDERI, Leonardo. Estados usam dados de celulares para monitorar aglomerações. Eles podem fazer isso? **Gazeta do Povo**, 13 abr. 2020.

BARRETO, Vicente de Paulo (Coord.). **Dicionário de filosofia do direito**. São Leopoldo/Rio de Janeiro: UNISINOS/Renovar, 2006.

BARROS, Alice Monteiro de. **Curso de direto do trabalho**. 10. ed. atualizada por Jessé Claudio Franco de Alencar. São Paulo: LTr, 2016.

BARROS, Alice Monteiro de. **Proteção à intimidade do empregado**. 2. ed. São Paulo: LTr, 2009.

BARROS JUNIOR, Cassio de Mesquita. Direito internacional. *In:* NASCIMENTO, Amauri Mascaro (Coord.). **A transição do direito**

do trabalho no Brasil: estudos em homenagem a Eduardo Gabriel Saad. São Paulo: LTr, 1999. p. 44/58.

BARROSO, Luís Roberto. **A dignidade da pessoa humana no direito constitucional contemporâneo**: a construção de um conceito jurídico à luz da jurisprudência mundial. Belo Horizonte: Editora Fórum, 2016.

BAUMAN, Zygmunt. **Vigilância líquida**. Trad. Carlos Alberto Medeiros. Rio de Janeiro: Zahar, 2013.

BAYLOS, Antonio. Representação e representatividade sindical na globalização. **Revista Trabalhista Direito e Processo**. Ano 2. Rio de Janeiro: Forense, Vol. V. p. 17/37, jan.-fev.-mar., 2003.

BEAUDONNET, Xavier. **Direito internacional do trabalho e direito interno**: manual de formação para juízes, juristas e docentes em direito. Turim: Centro Internacional de Formação da OIT, 2011.

BELMONTE, Alexandre de Souza Agra. **A tutela das liberdades nas relações de trabalho**: limites e reparações das ofensas às liberdades de consciência, crença, comunicação, manifestação do pensamento, expressão, locomoção, circulação, informação sindical e sexual do trabalhador. São Paulo: LTr, 2013.

BERNARDES, Hugo Gueiros. Princípios da negociação coletiva. *In:* TEIXEIRA FILHO, João de Lima (Coord.). **Relações coletivas de trabalho**: estudos em homenagem ao Ministro Arnaldo Süssekind. São Paulo: LTr, 1989. (p. 357/370).

BIALESKI, R. F.; VILLATORE, Marco Antônio César. Novas considerações sobre a ponderação entre os direitos fundamentais do trabalhador e o poder diretivo do empregador à luz da ordem econômica constitucional. **Revista de Direito do Trabalho**, São Paulo, v. 139, p. 155/182, 2010.

BITTAR, Carlos Alberto. **Os direitos da personalidade**. 7. ed. rev. e atual. de acordo com o novo Código Civil por Eduardo C. B. Bittar. Rio de Janeiro: Forense Universitária, 2006.

BOBBIO, Norberto. **A era dos direitos**. Tradução de Carlos Nelson Coutinho. Rio de Janeiro: Campus, 1992.

BOBBIO, Norberto. **Os intelectuais e o poder**: dúvidas e opções dos homens de cultura na sociedade contemporânea. Tradução de Marco Aurélio Nogueira. São Paulo: Editora da Universidade Estadual Paulista, 1997.

BRANCO, Paulo Gustavo Gonet. O direito fundamental da privacidade nas relações de trabalho. *In:* SARLET, Ingo Wolfgang; MELLO FILHO, Luiz Philippe Vieira de; FRAZÃO, Ana de Oliveira (Coord.). **Diálogos entre o direito do trabalho e o direito constituciona**l: estudos em homenagem a Rosa Maria Weber. São Paulo: Saraiva, 2014. p. 331/353.

BRASIL. **Códigos Civil**: Comercial; Processo Civil; Constituição Federal. Obra coletiva de autoria da Editora Saraiva com a colaboração de Antonio Luiz de Toledo Pinto, Márcia Cristina Vaz dos Santos Windt e Lívia Céspedes. 3. ed. São Paulo: Saraiva, 2007.

BRASIL. **Conselho Superior da Justiça do Trabalho**. Caderno Judiciário do CSJT, DEJT nº 1305/2013, de 05/09/2013, p. 01/10.

BRASIL. **Constituição da República Federativa do Brasil**. Promulgada em 05/10/1988. Atual. e ed. Antonio de Paulo. 20. ed. Rio de Janeiro: DP&A, 2005. p. 13.

BRASIL. **Decreto 19.841, de 22 de outubro de 1945**. Promulga a Carta das Nações Unidas, da qual faz parte integrante o anexo Estatuto da Corte Internacional de Justiça, assinada em São Francisco, a 26 de junho de 1945, por ocasião da Conferência de Organização Internacional das Nações Unidas. Disponível em: http://www.planalto.gov.br/ccivil_03/decreto/1930-1949/D19841.htm. Acesso em: 1º out. 2021.

BRASIL. **Lei 11.419, de 19 de dezembro de 2006**. Dispõe sobre a informatização do processo judicial: altera a Lei 5.869, de 11 de janeiro de 1973. Código de Processo Civil; e dá outras providências. D.O.U. de 20 dez. 2006.

BRASIL. **Superior Tribunal de Justiça**. Recurso Especial 113.963-SP (1996/0073314-7).

BRASIL. **Superior Tribunal de Justiça**. Recurso Especial 270.730-RJ (2000/0078399-4).

BRASIL. **Superior Tribunal de Justiça**. Recurso Especial 436.070-CE (2002/0055461-8).

BRASIL. **Superior Tribunal de Justiça**. Recurso Especial 828.107-SP (2006/0069118-1).

BRASIL. Superior Tribunal de Justiça. Recurso Especial 46.420-0-SP. *In:* **Revista do Superior Tribunal de Justiça**, v. 68, p. 169, 1995.

BRASIL. **Superior Tribunal de Justiça**. Resp 207.165/SP; Resp 1999/0021035-2, Rel. Min. Antônio de Pádua Ribeiro, 3ª T., DJ 17 dez. 2004. p. 512.

BRASIL. **Supremo Tribunal Federal**. Recurso Extraordinário 215.984, Segunda Turma, Rel. Min. Carlos Velloso, j. 04 jun. 2002.

BRASIL. **Tribunal Superior do Trabalho**. Ac. 2ª T. Proc. RR 217791/95.3, j. 10 set. 2003, Rel. Juiz Conv. André Luis Moraes de Oliveira, **Revista LTr**, São Paulo, 67-10/1249, p. 1249-1252, out. 2003.

BRASIL. **Tribunal Superior do Trabalho**. AgIn em RRTST – AIRR – 00097/2002-920-20-40.4 – 1ª T. TST – j. 19 abr. 2006, Rel. Min. Oreste Dalazen. *In:* **Revista de Direito do Trabalho**. Ano 32, nº 124, out./dez. 2006. São Paulo: Revista dos Tribunais, 2006. (p. 293/299). p. 293.

BRASIL. **Tribunal Superior do Trabalho**. Resolução 185, de 14/09/2012. DEJT – TST nº. 1.071, de 25/09/2012.

BRASIL. **Tribunal Superior do Trabalho**. RR-104900-64.2002.5.04.0022. Rel. Ministro Lélio Bentes Corrêa, 1ª T, DEJT de 02 set. 2011.

BRASIL. **Tribunal Superior do Trabalho**. RR-124.400-43.2004.5.02.0074. Relator José Pedro de Camargo Rodrigues de Souza, j. 25 abr. 2012. Disponível em: www.tst.gov.br. Acesso em: 1º out. 2021.

BRIGATTI, Fernanda. Empresas dão advertências e suspensões para quem tenta burlar jornada no home office. **Folha de São Paulo**, 18 ago. 2020, p. A-18. Disponível em: https://www1.folha.uol.com.br/mercado/2020/08/empresas-dao-advertencias-e-suspensoes-para-quem-tenta-burlar-jornada-no-home-office.shtml. Acesso em: 1º out. 2021.

BRITO FILHO, José Cláudio Monteiro de. **Discriminação no trabalho**. São Paulo: LTr, 2002.

BRUGINSKI, Márcia Kazenoh. A concretização do direito humano ao trabalho decente para os empregados domésticos – enfoque na Convenção 189 da OIT e na Emenda Constitucional 72/2013. *In:* GUNTHER, Luiz Eduardo; MANDALOZZO, Silvana Souza Netto (Coords.). BUSNARDO, Juliana Cristina; VILLATORE, Marco Antônio César (Org.). **Trabalho doméstico**: teoria e prática da Emenda Constitucional 72, de 2013. Curitiba: Juruá, 2013. p. 223/232.

BULOS, Uadi Lammêgo. **Constituição Federal anotada**. 8. ed. rev., atual. até a EC 56/2007. São Paulo: Saraiva, 2008.

CALLIGARIS, Contardo. Estudar ou se produzir? Geração de hoje faz do autorretrato uma forma rebuscada de expressão. **Folha de São Paulo**, quarta-feira, 27 ago. 2020, Caderno Ilustrada, p. B-10.

CALMON, Petrônio. **Comentários à lei de informatização do processo judicial**: Lei nº 11.419, de 19 de dezembro de 2006. Rio de Janeiro: Forense, 2008.

CAMPOS JUNIOR, Lázaro. 3 em cada 10 brasileiros não conseguem entender este texto. Disponível em: https://www.todospelaeducacao.org.br/conteudo/inaf-3-em-cada-10-brasileiros-nao-conseguiriam-entender-este-texto. Acesso em: 1º out. 2021.

CANALES CAMA, Carolina. La dignidad de la persona humana en el ordenamiento jurídico constitucional peruano. *In* SOSA SACIO, Juan Manuel (Coord.). **Los derechos fundamentales**: estúdios de los derechos constitucionales desde las diversas especialidades del derecho. Peru: Gaceta Jurídica, 2010. p. 09/32.

CANOTILHO, J. J. Gomes. **Direito constitucional e teoria da constituição**. 3. ed. Coimbra: Almedina, 1999.

CAPPELLETTI, Mauro; GARTH, Bryant. **Acesso à justiça**. Tradução de Ellen Gracie Northfleet. Porto Alegre: Sergio Fabris, Editor, 1988.

CARVALHO, Augusto César Leite de. **Direito do trabalho**: curso e discurso. 2. ed. São Paulo: LTr, 2018.

CASSAR, Vólia Bomfim. **Direito do trabalho**. 3. ed. rev. e atual. Niterói: Impetus, 2009.

CASTELLS, Manuel. **A Sociedade em Rede**. Tradução de Roneide Venancio Majer. São Paulo: Paz e Terra, 1999.

CASTRO, Catarina Sarmento de. **Direito da informática, privacidade e dados pessoais**. Coimbra: Almedina, 2005.

CAVALCANTE, Jouberto de Quadros Pessoa. **Mercosul**: a integração, o direito e os conflitos coletivos de trabalho. Rio de Janeiro: Lumen Juris, 2006.

CENEVIVA, Walter. Na busca de melhor justiça. **Jornal Folha de São Paulo**, 06 jun. 2009. p. C-2.

CIFUENTES, Santos. **El derecho a la vida privada**. Buenos Aires: La Ley, 2007.

CIFUENTES, Santos. **Derechos personalísimos**. 3. ed. atual. e ampl. Buenos Aires: Editora Astrea, 2008.

CLEMENTINO, Edilberto Barbosa. **Processo judicial eletrônico**. Curitiba: Juruá, 2009.

COLUCCI, Maria da Glória. Revolução Digital: repercussões no mercado de trabalho e desemprego. *In:* GOMES, Eduardo Biacchi; MARTINS, Adriana. (Coord.). **O Direito do Trabalho em transformação**: livro em homenagem ao professor Luiz Eduardo Gunther. Curitiba: Instituto Memória, 2020. (p. 211/227).

Comitê de Liberdade Sindical. Queixa contra o Governo da Argentina apresentada pela Confederação Geral do Trabalho da República Argentina (CGT) e a Confederação Internacional de Organizações Sindicais Livres (CIOSL). **Informe 292**, Caso 1.684.

COSTA, Sandra Morais de Brito. **Dignidade humana e pessoa com deficiência**: aspectos legais e trabalhistas. São Paulo: LTr, 2008.

COUTINHO, Aldacy Rachid. A autonomia privada: em busca da defesa dos direitos fundamentais dos trabalhadores. *In:* SARLET, Ingo Wolfgang (Org.). **Constituição, direitos fundamentais e direito privado**. 2. ed. rev. e ampl. Porto Alegre: Livraria do Advogado, 2006. p. 167/185.

CUADRADO, Aníbal. Trabajo a distancia, remoto o a domicilio en el marco de la crisis sanitaria. **Revista de Derecho Laboral**, actualidad – suplemento digital – El impacto del coronavírus en las relaciones laborales – dossier 2. Argentina: Rubinzal-Culzoni Editores, 2020.

CUARTANGO, Gonzalo Oscar. La negociación colectiva transnacional en el Mercosur: observaciones y perspectivas. **Revista de Direito do Trabalho**. Ano 27. São Paulo: Revista dos Tribunais, out.-dez. 2001. p. 180/196.

CUPIS, Adriano de. **Os direitos da personalidade**. Afonso Celso Furtado Rezende (Trad.). Campinas: Romana, 2004.

DALLEGRAVE NETO, José Affonso. **Responsabilidade civil no direito do trabalho**. 5. ed. São Paulo: LTr, 2014.

DE MASI, Domenico. Coronavírus anuncia revolução no modo de vida que conhecemos. **Jornal Folha de São Paulo**, 22 mar. 2020. Tradução de Francesca Cricelli.

DEJOURS, Christophe. **A loucura do trabalho**: estudo de psicopatologia do trabalho. Tradução de Ana Isabel Paraguay e Lúcia Leal Ferreira. 5. ed. ampl. São Paulo: Cortez-Oboré, 1992.

DELGADO, Mauricio Godinho. **Capitalismo, trabalho e emprego**: entre o paradigma da destruição e os caminhos de reconstrução. São Paulo: LTr, 2005.

Dia mundial da fotografia. Disponível em: http://www.calendars.com/portugal/dia_mundial_da_fotografia. Acesso em: 1º out. 2021.

DINIZ, Maria Helena. **Dicionário Jurídico**. 2. ed. rev. atual e aum. São Paulo: Saraiva, 2005.

DONEDA, Danilo. A proteção de dados em tempo de coronavírus. **Revista Eletrônica JOTA**, 25 mar. 2020. Disponível em: https://www.jota.info/opiniao-e-analise/artigos/a-protecao-de-dados-em-tempos-de-coronavirus-25032020. Acesso em: 1º out. 2021.

DONEDA, Danilo. **Da privacidade à proteção dos dados pessoais**. Rio de Janeiro: Renovar, 2006.

DUARTE, Ícaro de Souza. O reconhecimento do direito de informação na negociação coletiva como decorrência da aplicação do princípio do da boa-fé objetiva. Disponível em: https://repositorio.ufba.br/ri/handle/ri/10769. Acesso em: 1º out. 2021.

ESMANHOTO, Rita. Entrevista. **Jornal Gazeta do Povo**, 04 set. 2011. p. 09.

FABRÍCIO, Adroaldo Furtado. Iniciativa judicial e prova documental procedente da internet. *In:* MARINONI, Luiz Guilherme (Coord.). **Estudos de direito processual civil**: homenagem ao Professor Egas Dirceu Moniz de Aragão. São Paulo: Revista dos Tribunais, 2005. p. 292/301.

FACHIN, Zulmar Antonio. **A proteção jurídica da imagem**. São Paulo: Celso Bastos Editor / Instituto Brasileiro de Direito Constitucional, 1999.

FERNANDES, António de Lemos Monteiro. **Direito do trabalho**: relações colectivas de trabalho. 3. ed. Coimbra: Almedina, 1994. v. 1.

FERREIRA, Aurélio Buarque de Holanda. **Novo Aurélio século XXI**: o dicionário da língua portuguesa. 3. ed. totalmente revista e ampliada. Rio de Janeiro: Nova Fronteira, 1999.

FIUZA, Ricardo; SILVA, Regina. Beatriz Tavares da (Coord.). **Código Civil comentado**. 6. ed. rev. e atual. São Paulo: Saraiva, 2008.

FIUZA, Ricardo; SILVA, Regina. Beatriz Tavares da (Coord.). **Direito civil** – curso completo. 5. ed. de acordo com o Código Civil de 2002. Belo Horizonte: Del Rey, 2002.

FLORINDO, Valdir. **Dano moral e o direito do trabalho**. 2. ed. São Paulo: LTr, 1996.

FORSYTH, Frederick. **Sem perdão**. 2. ed. Tradução de A. B. Pinheiro de Lemos. Rio de Janeiro: Editora Record, s/d.

FRAHM, Carina; VILLATORE, Marco Antônio César. *Dumping* social e o Direito do Trabalho. *In:* VIDOTTI, Tárcio José; GIORDANI, Francisco Alberto da Mota Peixoto (Coord.). **Direito coletivo do trabalho em uma sociedade pós-industrial** – homenagem ao Ministro Antonio José de Barros Levenhagen. São Paulo: LTr, 2003. p. 149/181

FRANCO FILHO, Georgenor de Souza. Negociação coletiva transnacional. *In:* FRANCO FILHO, Georgenor de Souza (Coord.). **Curso de direito coletivo do trabalho** – estudos em homenagem ao Ministro Orlando Teixeira da Costa. São Paulo: LTr, 1998. p. 291/307.

FRIEDMAN, Thomas L. **O mundo é plano**: uma breve história do século XXI. Tradução de Cristina Serra, Sergio Duarte, Bruno Casotti. Rio de Janeiro: Objetiva, 2007.

FROMM, Erich (1961) – posfácio. *Apud* ORWELL, George. **1984**. Tradução Alexandre Hubner e Heloísa Jahn. São Paulo: Companhia das Letras, 2009.

FURTADO, Celso. **O longo amanhecer**: reflexões sobre a formação do Brasil. Rio de Janeiro: Paz e Terra, 1999.

GAGLIANO, Pablo Stolze; PAMPONA FILHO, Rodolfo. **Novo curso de direito civil**: parte geral. 8. ed. rev. atual. e reform. São Paulo: Saraiva, 2006. vol. I.

GALVÃO, Paulo Braga; FERREIRA, Fernando Galvão de Andréa. Interpretação judicial e direitos humanos. *In:* SARMENTO, Daniel;

GALDINO, Flávio (Org.). **Direitos fundamentais**: estudos em homenagem ao Professor Ricardo Lobo Torres. Rio de Janeiro: Renovar, 2006. p. 709/730.

GARBELLINI, Alex Duboc. Processo digital. *In:* CORDEIRO, Juliana Vignoli; CAIXETA, Sebastião Vieira (Coord.). **O processo como instrumento de realização dos direitos fundamentais**. São Paulo: LTr, 2007. p. 160/170.

GARCEZ, Maximiliano Nagl. Dignidade da pessoa humana e cidadania laboral: em busca de novos paradigmas para o direito do trabalho no Brasil. *In:* MACHADO, Sidnei; GUNTHER, Luiz Eduardo (Coord.). **Reforma trabalhista e sindical**: o direito do trabalho em perspectivas - homenagem a Edésio Franco Passos. São Paulo: LTr, 2004. p. 158/175.

GARCIA, Roberto Soares. Respeito à própria intimidade. **Jornal Folha de São Paulo** de 27 fev. 2011. p. A3.

GAUTHIER, Gustavo. Perspectiva laboral del teletrabajo. *In:* DELPIAZZO, Carlos E. (Coord.). **El trabajo ante las nuevas tecnologías**. Montevideo: Fundación de Cultura Universitaria, 2010 (p. 103/114).

GIACOSA, Guillermo. **Jornal Perú 21**, 23 nov. 2011. p. 17.

GIDDENS, Anthony. **A transformação da intimidade**: sexualidade, amor e erotismo nas sociedades modernas. Tradução de Magda Lopes. São Paulo: Editora da Universidade Estadual Paulista, 1993.

GIORDANI, Francisco Alberto da Motta Peixoto; HASTREITER, Michele Alessandra. A questão do monitoramento de e-mails corporativos à luz da hermenêutica constitucional. *In:* GUNTHER, Luiz Eduardo; MANDALOZZO, Silvana Souza Netto (Coord.). **25 anos de Constituição e o direito do trabalho**. Curitiba: Juruá, 2013. p. 215/236.

GOFFMAN, Erving. **Estigma**: notas sobre a manipulação da identidade deteriorada. Tradução de Márcia Bandeira de Mello Leite Nunes. 4. ed. Rio de Janeiro: Guanabara Koogan, 1998.

GOLDIN, Adrián O.; FELDMAN, Silvio. Relaciones colectivas del trabajo en el Mercosur (sobre una hipótesis de convergencia). **RELASUR – Revista de Relaciones Laborales en América Latina – Cono Sur**. n. 7. OIT/Ministerio de Trabajo y Seguridad Social – España, Montevideo: 1995.

GOMES, Luiz Flávio. Videoconferência e os direitos e garantias fundamentais do acusado. **Jornal O Estado do Paraná**. Curitiba, 22 mar.2009. Caderno direito e justiça, p. 7.

GOMES, Orlando. **Ensaios de direito civil e de direito do trabalho**. Rio de Janeiro: Aide, 1986.

GOMES, Orlando. **Escritos menores**. São Paulo: Saraiva, 1981.

GOMES, Orlando. **Introdução ao direito civil**. 11. ed. Rio de Janeiro: Forense, 1996.

GONÇALVES, Lilian. **Ultratividade das cláusulas normativas**. São Paulo: LTr, 2008.

GONÇALVES, Luiz Carlos dos Santos. **O sigilo bancário e de dados financeiros e a tutela da privacidade e intimidade**. São Paulo: Max Limonad, 1995.

GRAU, Eros Roberto. **Ensaio e discurso sobre a interpretação/aplicação do direito**. 3. ed. São Paulo: Malheiros, 2005.

GRECO, Leonardo. O processo eletrônico. *In:* GRECO, Marco Aurélio; MARTINS, Ives Gandra da Silva. **Direito e internet**: relações jurídicas na sociedade informatizada. São Paulo: Revista dos Tribunais, 2001.

GUNTHER, Luiz Eduardo. A importância da proteção aos direitos à intimidade e à privacidade dos trabalhadores. *In:* Rúbia Zanotelli de Alvarenga (Org.). **Direitos humanos dos trabalhadores**. São Paulo: LTr, 2016, v. 1, p. 122/133.

GUNTHER, Luiz Eduardo. A negociação coletiva do trabalho como direito fundamental: necessidade de afirmação da tutela dos direitos de personalidade na atividade empresarial mundializada. **Revista Jurídica (FIC)**, v. 21, p. 95/121, 2008.

GUNTHER, Luiz Eduardo. A negociação coletiva do trabalho como direito fundamental: necessidade de afirmação da tutela dos direitos de personalidade na atividade empresarial mundializada. *In:* Wilson Ramos Filho. (Org.). **Trabalho e regulação no estado constitucional**. Curitiba: Juruá, 2011, v. 2, p. 275/296.

GUNTHER, Luiz Eduardo. A negociação coletiva internacional e o *dumping* social. *In*: 4º Congresso Brasileiro de Direito Internacional, 2006, Curitiba. **Estudos de direito internacional**. Curitiba: Juruá, 2006. v. VII.

GUNTHER, Luiz Eduardo. **A OIT e o direito do trabalho no Brasil**. Curitiba: Juruá, 2013.

GUNTHER, Luiz Eduardo. Os direitos à intimidade e à privacidade nas relações de trabalho. *In:* Ilton Garcia da Costa (Org.); Antonio Benedito de Siqueira (Coord.) (Org.). **Reflexões sobre direito e economia**. Curitiba: Instituto Memória. Centro de Estudos da Contemporaneidade, 2016, p. 04/132.

GUNTHER, Luiz Eduardo. Prescrição do dano moral na Justiça do Trabalho. **Genesis - Revista de Direito do Trabalho**, Curitiba, v. 132, p. 848/853, 2003.

GUNTHER, Luiz Eduardo. **Princípios de direito empresarial no Mercosul**. Curitiba: Clássica, 2020, v. 18, p. 127/144.

GUNTHER, Luiz Eduardo. Privacidade e intimidade como direitos na relação empregatícia. *In:* Rodrigo Fortunato Goulart; Marco Antônio Villatore (Org.). **Responsabilidade civil nas relações de trabalho**:

reflexões atuais - Homenagem do Professor José Affonso Dallegrave Neto. São Paulo: LTr, 2015, v. 1, p. 259/269.

GUNTHER, Luiz Eduardo; COCHRAN III, Augustus Bonner. The singularities of moral harassement and its classification as personal injury and/or existencial damage. **Revista Jurídica - UNICURITIBA**, v. 3, p. 54/93, 2017.

GUNTHER, Luiz Eduardo; GUNTHER, Noeli. A Igualdade de Direitos entre Homens e Mulheres nas Relações de Trabalho. *In:* Luiz Eduardo Gunther; Willians Franklin Lira dos Santos; Noeli Gonçalves da Silva Gunther. (Org.). **Tutela dos Direitos da Personalidade na Atividade Empresarial - Volume III**. Curitiba: Juruá, 2010, v. III, p. 105/129.

GUNTHER, Luiz Eduardo; GUNTHER, Noeli. O Processo Eletrônico e a Crise da Jurisdição. *In:* Luiz Eduardo Gunther; Willians Franklin Lira dos Santos; Noeli Gonçalves da Silva Gunther (Org.). **Jurisdição: Crise, Efetividade e Plenitude Institucional - Volume III**. Curitiba: Juruá, 2010, v. III, p. 239/261.

GUNTHER, Luiz Eduardo; GUNTHER, Noeli. O processo eletrônico e os direitos fundamentais. **Revista Jurídica (FIC)**, v. 25, p. 86/113, 2010.

GUNTHER, Luiz Eduardo; LIMA, T. E. P. B. A ética empresarial e o assédio moral: o fenômeno do assédio moral e a busca de uma atuação preventiva da atividade empresarial para resgate da ética profissional. **Index Law Journals**, v. 2, p. 38/55, 2016.

GUNTHER, Luiz Eduardo; LIMA, T. E. P. B. O assédio moral e as consequências da violação da personalidade e da dignidade do trabalhador no meio ambiente laboral. **Percurso (CURITIBA)**, v. 16, p. 61/83, 2016.

GUNTHER, Luiz Eduardo; SANTOS, W. F. L. (Org.). **Tutela dos Direitos da Personalidade na Atividade Empresarial - Volume II**. Curitiba: Juruá, 2009. v. 1.

GUNTHER, Luiz Eduardo; SELLOS, Viviane (Org.). **Indenização para reparação de dano moral sofrido pelo empregado**: incertezas e efeitos dos critérios doutrinários e jurisprudenciais. Rio de Janeiro: Clássica, 2011. v. 1.

GUNTHER, Luiz Eduardo; SELLOS, Viviane (Org.). **O direito à intimidade e à privacidade do trabalhador frente ao poder diretivo do empresário**: as limitações dos meios tecnológicos e a construção da prova. Rio de Janeiro: Clássica, 2011. v. 1.

GUNTHER, Luiz Eduardo; VILLATORE, Marco Antônio César. Poder de controle do empregador e privacidade do empregado. *In:* LUDOVICO, Giuseppe; FITA ORTEGA, Fernando; NAHAS, Thereza Christina. (Org.). **Novas Tecnologias, Plataformas Digitais e Direito do Trabalho**: uma comparação entre Itália, Espanha e Brasil. São Paulo: Thomson Reuters Brasil, 2020.

HANSENNE, Michel. **Apresentação à declaração da OIT sobre os princípios e direitos fundamentais no trabalho e seu seguimento**. Tradução de Edílson Alckmin Cunha. Genebra: OIT, 1998.

HARARI, Yuval Noah. **21 lições para século 21**. Tradução Paulo Geiger. São Paulo: Companhia das Letras, 2018.

HASSON, Roland; VILLATORE, Marco Antônio César. Análise comparativa da Limitação do Poder de controle do empregador frente aos direitos à intimidade e à privacidade do empregado sem prejuízo à atividade econômica. *In:* **V Congresso brasileiro de Direito Internacional**, 2007, Curitiba. Estudos de Direito Internacional. Curitiba: Juruá, 2007. v. XI.

HOBSBAWN, Eric. **Era dos extremos**: o breve século XX: 1914-1991. Tradução de Marcos Santarrita. São Paulo: Companhia das Letras, 1995.

JAVILLIER, Jean-Claude. **Introducción a OIT**. Derechos fundamentales en el trabajo. Madrid: Ministerio de Trabajo y Asuntos Sociales, 2003.

Jornal Folha de São Paulo de 14 nov. 2009, p. B13.

Jornal Folha de São Paulo. Caderno ciência, p. C9 de 11 fev. 2011.

Jornal Gazeta do Povo de 11 out. 2011. Coluna Celso Nascimento, sob os títulos Arigatô 1 e Arigatô 2.

KLOSS, Larissa Renata. A tutela inibitória como meio de evitar a discriminação do trabalho da mulher. *In:* GUNTHER, Luiz Eduardo; SANTOS, Willians Franklin Lira dos; GUNTHER, Noeli Gonçalves da Silva (Coord.). **Jurisdição**: crise, efetividade e plenitude institucional. Curitiba: Juruá, 2010. v. III. p. 319/353.

KROST, Oscar. Comentários ao arts. 75-A até 75-E da CLT. *In:* LISBÔA, Daniel;

LACERDA, Gabriel. **O direito no cinema**: relato de uma experiência didática no campo do direito. Rio de Janeiro: Editora FGV, 2007.

LEITE, Míriam Lifchitz Moreira. Texto visual e texto verbal. *In:* FELDMAN – BIANCO; Bela; LEITE, Míriam L. Moreira (Orgs.). **Desafios da imagem**: fotografia, iconografia e vídeo nas ciências sociais. Campinas/SP: Papirus, 1998.

LEMOS, Ronaldo. Identidade digital, pergunte à Índia. **Jornal Folha de São Paulo** de 01 jun. 2020, p. A-16, caderno Mercado-coronavírus.

LÉVY, Pierre. **A inteligência coletiva**. Tradução de Luiz Paulo Rouanet. São Paulo: Folha de São Paulo, 2015.

LEWICKI, Bruno. Releitura da privacidade no ambiente de trabalho. *In:* TEPEDINO, Gustavo; MELLO FILHO, Luiz Philippe Vieira de; FRAZÃO, Ana; DELGADO, Gabriela Neves (Coord.). **Diálogos entre**

o direito do trabalho e o direito civil. São Paulo: Revista dos Tribunais, 2013.

Liberdade Sindical: Recopilação de Decisões e Princípios do Comitê de Liberdade Sindical do Conselho de Administração da OIT. Brasília: Organização Internacional do Trabalho, 1997. verbete 801.

LIMA, George Marmelstein. **e-Processo**: uma verdadeira revolução procedimental. Disponível em: http://georgemlima.blogspot.com. Acesso em: 1º out. 2021.

LOPES, Marcus Aurélio. **Discriminações nas relações de trabalho**. Dissertação (Mestrado em Direito) – Universidade Estadual de Maringá, Maringá, 2002.

LOPES, Mônica Sette. Informação e imagem – a internet e a preservação da intimidade das partes. **Revista LTr**. vol. 73, nº 08. São Paulo: LTr, 2009.

MAGANO, Octavio Bueno. **Manual de direito do trabalho**: direito coletivo do trabalho. 3. ed. São Paulo: LTr, 1993. v. 3.

MARINONI, Luiz Guilherme. **Tutela inibitória (individual e coletiva)**. 4. ed. atual. e ampl. São Paulo: Revista dos Tribunais, 2006.

MARMELSTEIN, George. **Curso de direitos fundamentais**. São Paulo: Atlas, 2008.

MARTINS, Sergio Pinto. **Direito do trabalho**. 28. ed. São Paulo: Atlas, 2012.

MASSI, Juliana; VILLATORE, Marco Antônio César. O *dumping* social e a total possibilidade de tutela das minorias na atividade empresarial. **Revista do Tribunal Regional do Trabalho da 9ª Região**, v. 4, p. 40/61, 2015.

MEIRELES, Cecília. **Cecília de bolso**. Fabrício Carpinejar (Org.). Porto Alegre: L&PM, 2008.

MEIRELLES, Jussara Maria Leal de; RIBEIRO, Márcia Carla Pereira (Coord.). **Direito e desenvolvimento**: biomedicina, tecnologia e sociedade globalizada. Belo Horizonte: Fórum, 2011.

MELHADO, Reginaldo. **Metamorfoses do capital e do trabalho**: relações de poder, reforma do judiciário e competência da justiça laboral. São Paulo: LTr, 2006.

MENDES, Gilmar Ferreira. Reforma do sistema judiciário no Brasil: repercussão geral e racionalização judicial. *In:* MARTINS FILHO, Ives Gandra; DELGADO, Mauricio Godinho; PRADO, Ney; ARAÚJO, Carlos (Coord.). **A efetividade do direito e do processo do trabalho**. Rio de Janeiro: Elsevier, 2010.

MENDES, Gilmar Ferreira; COELHO, Inocêncio Mártires; BRANCO, Paulo Gustavo Gonet. **Curso de direito constitucional**. 2. ed. rev. e atual. São Paulo: Saraiva, 2008.

MENEZES DIREITO, Carlos Alberto. A decisão judicial. **Revista Forense**. Volume 351. Rio de Janeiro: Forense, 2000.

Metas do Judiciário para 2010. Disponível em: www.tst.jus.br. Acesso em: 1º out. 2021.

MICHAELIS: moderno dicionário da língua portuguesa. São Paulo: Companhia Melhoramentos, 1998.

MIKOS, Nádia R. C.; VILLATORE, Marco Antônio César; BARROSO, Fábio Túlio. Extrapolação do poder diretivo e suas consequências no ambiente de trabalho. **Observatorio de Riesgos Psicosociales - UGT**, v. 1, p. 201/226, 2019.

MIRANDA, Francisco Cavalcanti Pontes de. **Comentários à Constituição de 1967**. T. IV. 3. ed. Rio de Janeiro: Forense, 1987.

MIRANDA, Pontes de. **Tratado de direito privado**. São Paulo: Revista dos Tribunais, 2012. Tomo VII.

MORAES, Carolina. Excesso de ligações e reuniões em vídeo causa exaustão. **Jornal Folha de São Paulo**, de 14 jun. 2020. Caderno Coronavírus-saúde.

MORAES, Maria Celina Bodin de. O conceito da dignidade humana: substrato axiológico e conteúdo normativo. *In:* SARLET, Ingo Wolfgang (Org.). **Constituição, direitos fundamentais e direitos privados**. 2. ed. rev. e ampl. Porto Alegre: Livraria do Advogado Editora, 2006.

MORAES, Walter. Direito à própria imagem. **Revista dos Tribunais**, v. 443. São Paulo: Revista dos Tribunais, 1972.

MOREIRA, José Carlos Barbosa. O problema da duração dos processos: premissas para uma discussão séria. *In:* MOREIRA, José Carlos Barbosa. **Temas de direito processual**: nona série. São Paulo: Saraiva, 2007.

MUNHOZ, José Lucio (Org.). **Reforma Trabalhista Comentada por Juízes do Trabalho**: artigo por artigo. São Paulo: LTr, 2018.

NAHMIAS MELO, Sandro. Nós estamos "infoxicados". **Revista Consultor Jurídico – CONJUR**. 30 abr. 2020. Disponível em: https://www.conjur.com.br/2020-abr-30/sandro-nahmias-melo-estamos-todos-infoxicados. Acesso em: 1º out. 2021.

NASCIMENTO, Amauri Mascaro. **Compêndio de direito sindical**. 4. ed. São Paulo: LTr, 2005.

NASCIMENTO, Amauri Mascaro. **Direito contemporâneo do trabalho**. São Paulo: Saraiva, 2011.

NASCIMENTO, Amauri Mascaro. **Ordenamento jurídico trabalhista**. São Paulo: LTr, 2013.

NASCIMENTO, Amauri Mascaro. **Teoria geral do direito do trabalho**. São Paulo: LTr, 1998.

NEGRÃO, Theotonio *et al.* **Código Civil e legislação em vigor**. 29. ed. São Paulo: Saraiva, 2010.

NERY JUNIOR, Nelson; NERY, Rosa Maria de Andrade. **Código de Processo Civil comentado e legislação extravagante**. 7. ed. atual. até 07/07/2003. São Paulo: Revista dos Tribunais, 2003.

NILLES, Jack M. **Fazendo do Teletrabalho uma Realidade**. São Paulo: Futura, 1997.

NORMLEX. **As of today**. Disponível em: http://www.ilo.org/dyn/normlex/en/f?p=1000:1:0::NO:::. Acesso em: 1º out. 2021.

NUBLAT, Johanna. Sul mantém taxas altas de novos casos e mortes por AIDS. **Jornal Folha de São Paulo**, Caderno Saúde, 29 nov. 2011.

OLIVEIRA, Cristiana D'Arc Damasceno. Direito à desconexão do trabalhador. Repercussões no atual contexto trabalhista. **Revista LTr**, São Paulo, vol. 74, nº 10, p. 1.180-1.188, out. 2010.

OLIVEIRA, Paulo Eduardo V. **O dano pessoal no direito do trabalho**. São Paulo: LTr, 2002.

OLIVEIRA, Francisco Antonio de. **Comentários às súmulas do TST**. 8. ed. rev., atual. e ampl. São Paulo: Revista dos Tribunais, 2008.

OLIVEIRA NETO, Alberto Emiliano de; COELHO, Luciano Augusto de Toledo. E-mail do empregado – limites ao poder diretivo do empregador sob a ótica do novo Código Civil. *In:* DALLEGRAVE NETO, José Affonso; GUNTHER, Luiz Eduardo (Coord.). **O impacto do novo Código Civil no direito do trabalho**. São Paulo: LTr, 2003.

OLIVEIRA NETO, Célio Pereira. **Trabalho em Ambiente Virtual**: causas, efeitos e conformação. São Paulo: LTr, 2018.

ORGANIZAÇÃO DAS NAÇÕES UNIDAS. **Declaração Universal dos Direitos Humanos**. Disponível em: http://www.onu.org.br/img/2014/09/DUDH.pdf. Acesso em: 1º out. 2021.

ORGANIZAÇÃO INTERNACIONAL DO TRABALHO. **Declaração da OIT sobre a justiça social para uma globalização equitativa, 2008**. Disponível em: https://www.ilo.org/wcmsp5/groups/public/---americas/---ro-lima/---ilo-brasilia/documents/genericdocument/wcms_336918.pdf. Acesso em: 1º out. 2021.

ORGANIZAÇÃO INTERNACIONAL DO TRABALHO. **Declaração da OIT sobre os princípios e direitos fundamentais no trabalho**. Disponível em: https://www.ilo.org/public/english/standards/declaration/declaration_portuguese.pdf. Acesso em: 1º out. 2021.

ORGANIZAÇÃO INTERNACIONAL DO TRABALHO. **Las normas de la OIT y el COVID-19 (coronavírus)**. Disponível em: https://www.ilo.org/global/standards/WCMS_739939/lang--es/index.htm. Acesso em: 1º out. 2021.

ORGANIZAÇÃO INTERNACIONAL DO TRABALHO. **Mundo do trabalho e COVID-19**: Resposta dos países. Disponível em: https://www.ilo.org/lisbon/sala-de-imprensa/WCMS_741485/lang--pt/index.htm#:~:text=De%20acordo%20com%20a%20mais,e%20ao%20emprego%3B%20prote%C3%A7%C3%A3o%20dos. Acesso em: 1º out. 2021.

ORGANIZAÇÃO INTERNACIONAL DO TRABALHO. **Princípios e direitos fundamentais no trabalho**: declaração e normas da OIT. Brasília: OIT, ACTRAV, 2000.

ORWELL, George. **1984**. Alexandre Hubner e Heloísa Jahn (Trad.). Posfácios de Erich Fromm, Ben Pimlot, Thomas Pynchon. São Paulo: Companhia das Letras, 2009.

OUTHWAITE, William; BOTTOMORE, Tom. **Dicionário do pensamento social do século XX**. Tradução de Eduardo Francisco Alves e Álvaro Cabral. Rio de Janeiro: Jorge Zahar Editora, 1996.

PACHECO ZERGA, Luz. **La dignidad humana en el derecho del trabajo**. Espanha: Thomson/Civitas, 2007.

PALOMEQUE LÓPEZ, M. Carlos. **Derecho sindical español**. 2. ed. Madrid: Tecnos, 1988.

PARANÁ. Tribunal Regional do Trabalho da 9ª Região. Acórdão 2ª Turma, s. n. Rel. Des. Marlene T. Fuverki Suguimatsu. **Revista do Tribunal Regional do Trabalho da 9ª Região**. Curitiba, a. 29, n. 53, p. 327/376, jul.-dez. 2004

PARANÁ. Tribunal Regional do Trabalho da 9ª região. Processo CNJ: 0002051-44.2013.5.09.004 e TRT: 45593-2013-004-09-00-2 (RO). Relator Desembargador Benedito Xavier da Silva. Publ. em 20.01.2015. Disponível em: http://www.trt9.jus.br/internet_base/processoman.do?evento=Editar&chPlc=AAAS5SAEhAAJZmJAAL. Acesso em: 1º out. 2021.

PARANÁ. Tribunal Regional do Trabalho da 9ª. Região. RT 3511/2002, Juiz Maurício Mazur. **Revista do Tribunal Regional do Trabalho da 9ª. Região**. Curitiba, a. 29, n. 53, p. 479-495, jul.-dez. 2004.

PASSOS, J. J. Calmon de. Considerações de um troglodita sobre o processo eletrônico. *In:* JAYME, Fernando Gonzaga; FARIA, Juliana Cordeiro de; LAVAR, Maria Terra (Coord.). **Processo civil**: novas tendências. Estudos em homenagem ao professor Humberto Theodoro Júnior. Belo Horizonte: Del Rey, 2008.

PASSOS, Paulo. Entrevista Gabriela Zanfir-Fortuna. **Jornal Folha de São Paulo**, 19 abr. 2020.

PAVELSKI, Ana Paula. **Os direitos da personalidade do empregado**: em face do exercício abusivo do poder diretivo do empregador. Curitiba: Juruá, 2009.

PEDUZZI, Maria Cristina Irigoyen. O princípio da dignidade da pessoa humana e sua eficácia concreta. *In:* MANNRICH, Nelson; VOGEL, Gustavo; FLORINDO, Valdir; FREDIANI, Yone (Coord.). **Reconstrução do direito do trabalho**: Anais da Academia Nacional de Direito do Trabalho, 2010. São Paulo: LTr, 2010.

PELLEGRINI, Luiz Fernando Gama. **Direito de imagem**. Súmula 403 do STJ. Considerações. Disponível em: http://jusvi/:com/artigos/42612. Acesso em: 1º out. 2021.

PEREIRA, Alberto Luiz Bresciani de Fontan. Revistas pessoais em empregados: a dignidade da pessoa e os limites ao poder diretivo do empregador. *In*: REIS, Daniela Muradas; MELLO, Roberto Dantas de; COURA, Solange Barbosa de Castro (Coord.). **Trabalho e justiça social**: um tributo a Mauricio Godinho Delgado. São Paulo: LTr, 2013.

PEREIRA, Caio Mário da Silva. **Instituições de direito civil**. 17. ed. Rio de Janeiro: Forense, 1994. v. 1.

PEREIRA, Sebastião Tavares. Processo eletrônico, máxima automação, extraoperabilidade, imaginalização mínima e máximo apoio ao juiz: ciberprocesso. **Revista Trabalhista Direito e Processo**. Ano 8, n. 30. Brasília: Anamatra: São Paulo: LTr. p. 168/187, jul. 2009.

PEREZ LUÑO, Antonio E. **Los derechos fundamentales**. 9. ed. Madrid: Tecnos, 2007.

PIOVESAN, Flávia. O sistema internacional de direitos humanos e o direito interno: a emergência de um novo paradigma jurídico. *In:* SARLET, Ingo Wolfgang; MELLO FILHO, Luiz Philippe Vieira de; FRAZÃO, Ana de Oliveira (Coord.). **Diálogos entre o direito do trabalho e o direito constitucional**: estudos em homenagem a Rosa Maria Weber. São Paulo: Saraiva, 2014.

POPCORN, Faith; HANFT, Adam. **O dicionário do futuro**: as tendências e expressões que definirão nosso comportamento. Tradução de Maurette Brandt. Rio de Janeiro: Campos, 2002.

Primeira Jornada de Direito Material e Processual da Justiça do Trabalho. Coordenadores Cláudio José Montesso, Maria de Fátima Coêlho Borges Stern, Leonardo Ely. São Paulo: LTr, 2008.

Primeiro Relatório sobre a Aplicação do Direito do Mercosul pelos Tribunais Nacionais (2003). 2. ed. URUGUAY: Secretaría del Mercosur, Foro Permanente de Cortes Supremas del Mercosur y Asociados, Fundación Konrad Adenauer (editores), 2006.

Processo eletrônico traz desafios e exige mudanças e desafios na Justiça do Trabalho. Disponível em: www.tst.jus.br. Acesso em: 1º out. 2021.

Processos judiciais crescem mais que a população brasileira. **Jornal Gazeta do Povo**, de Curitiba-PR. Edição de 18/11/2009.

PROSSER, William. **Philosophical dimensions of privacy**. Cambridge: Schoeman, 1984.

RAMOS, André de Carvalho. **Curso de Direitos Humanos**. 6. ed. São Paulo: Saraiva, 2019.

RAMOS, Luís Bonifácio. **O direito fundamental da reserva de intimidade da vida privada e familiar**. Lisboa: BFDUL, 1988.

Revista VEJA. Álbum de família. 23 de fevereiro de 2011. São Paulo: Editora Abril, 2011.

Revista VEJA. 07 set. 2011. São Paulo: Editora Abril, 2011.

RIFKIN, Jeremy. **A Era do Acesso**. Trad. Maria Lucia G. L. Rosa. São Paulo: Makron Books, 2001.

ROBORTELLA, Luiz Carlos Amorim. As relações de trabalho no MERCOSUL. **Revista LTr**, São Paulo, v. 57, n. 11, p. 1312-1.317, 1993.

RODOTÁ, Stefano. **A vida na sociedade da vigilância**: a privacidade hoje. Organização, seleção e apresentação de Maria Celina Bodin de Moraes. Trad. Danilo Doneda e Luciana Cabral Doneda. Rio de Janeiro: Renovar, 2008.

RODRIGUES, Edson Moreira. Inovação jurisdicional – direito de imagem como exteriorização da personalidade. **Cadernos da Escola Judicial do TRT da 4ª Região**. Estudos de Administração Judiciária. Porto Alegre: HS Editora, 2009.

ROGEIRO, Nuno. **A lei fundamental da República Federal da Alemanha**: ensaios e anotações de Nuno Rogeiro. Portugal: Coimbra Editora, 1996.

ROMITA, Arion Sayão. **Direitos fundamentais nas relações de trabalho**. 4. ed. rev. e aum. São Paulo: LTr, 2012.

ROSENBAUM, Jorge; RACCIATTI, Octavio. Negociación colectiva internacional. **Revista de Direito do Trabalho**. Ano 26. São Paulo: Revista dos Tribunais, p. 157-198, out.-dez. 2000.

ROSENTHAL, Caio; SCHEFFER, Mário. É possível derrotar a AIDS. **Jornal Folha de São Paulo**. 01 dez. 2011.

SAMPAIO, Giovanna Martins. Análise comparada do teletrabalho: reforma trabalhista e direitos fundamentais sociais. *In:* GOMES,

Eduardo Biacchi; MARTINS, Adriana (Coord.). **O Direito do Trabalho em transformação**: livro em homenagem ao professor Luiz Eduardo Gunther. Curitiba: Instituto Memória, 2020.

SAMPAIO, José Adércio Leite. Análise do inciso X do art. 5º da CF. *In:* CANOTILHO, J. J. Gomes; MENDES, Gilmar Ferreira; SARLET, Ingo Wolfgang; STRECK, Lenio Luiz (Coord. Científica). **Comentários à Constituição do Brasil**. São Paulo: Saraiva/Almedina, 2013.

SANTAELLA, Lucia. Tecnologia deixa a privacidade cada vez mais anacrônica. **Jornal Folha de São Paulo**, 06 out. 2010.

SANTOS, Enoque Ribeiro dos. **O dano moral na dispensa do empregado**. 3. ed. São Paulo: LTr, 2002.

SANTOS, Mário Ferreira dos. **Dicionário de filosofia e ciências culturais**. São Paulo: Editora Maltese, 1963. v. 3.

SANTOS, Rafa. Corte Interamericana pede defesa dos direitos humanos durante a pandemia. **Revista Consultor Jurídico – CONJUR**, de 14 abr. 2020. Disponível em: https://www.conjur.com.br/2020-abr-14/corte-interamericana-defesa-direitos-humanos-pandemia. Acesso em: 1º out. 2021.

SANTOS, Ronaldo Lima dos. **Teoria das normas coletivas**. São Paulo: LTr, 2007.

SÃO PAULO. **Tribunal Regional do Trabalho da 2ª Região**. RO 01760200000702006-SP, AC. 2005040851, 9ª Turma, j. 22 jun. 2005,

v. u., Rel. Juíza Jane Granzoto Torres da Silva. Disponível em: www.trt2.jus.br. Acesso em: 1º out. 2021.

SARLET, Ingo Wolfgang. **A eficácia dos direitos fundamentais**. Porto Alegre: Livraria do Advogado, 1998.

SARLET, Ingo Wolfgang; MARINONI, Luiz Guilherme; MITIDIERO, Daniel. **Curso de direito constitucional**. São Paulo: Revista dos Tribunais, 2012.

SARMENTO, Daniel. **A ponderação de interesses na Constituição Federal**. Rio de Janeiro: Lumen Juris, 2003.

SARMENTO, Daniel. **Direitos fundamentais e relações privadas**. 2. ed. Rio de Janeiro: Lumen Juris, 2008.

SCALÉRCIO, Marcos; MINTO, Túlio Martinez. **Normas da OIT - Organizadas por temas**. São Paulo: LTr, 2016.

SCHWAB, Klaus. **A Quarta Revolução Industrial**. Trad. Daniel Moreira Miranda. São Paulo: Edipro, 2016.

SEGUNDO semestre iniciará com processo eletrônico em todo o TST. Medida trará agilidade processual e economia de recursos. Disponível em: www.tst.jus.br. Acesso em: 1º out. 2021.

SERVAIS, Jean-Michel. **Derecho Internacional del Trabajo**. Buenos Aires: Heliasta, 2011.

SGARBE, Vinícius. **Veículo G1**, circulação nacional, jun. 2011.

SIDOU, J. M. Othon. **Dicionário jurídico**. 3. ed. rev. e atual. Rio de Janeiro: Forense Universitária/Academia Brasileira de Letras Jurídicas, 1995.

SILVA, Leda Maria Messias da. O direito à intimidade do empregado e a possibilidade do monitoramento de e-mails por parte do empregador. **Revista Eletrônica do Tribunal Regional do Trabalho da 9ª Região**. Disponível em: http://www.mflip.com.br/pub/escolajudicial/?numero=19. Acesso em: 1º out. 2021.

SILVA NETO, Manoel Jorge. A proteção constitucional à imagem do empregado e da empresa. **Revista de Direito do Trabalho**, ano 29, n. 112, out./dez. 2003. São Paulo: Revista dos Tribunais, 2003.

SILVA NETO, Manoel Jorge e. Dignidade da pessoa humana. *In*: PINTO, José Augusto Rodrigues; MARTINEZ, Luciano; MANNRICH, Nelson (Coord.). **Dicionário brasileiro de direito do trabalho**: da Academia Nacional de Direito do Trabalho. São Paulo: LTr, 2013.

SIQUEIRA NETO, José Francisco. **Direito do trabalho & democracia**. São Paulo: LTr, 1996.

SONTAG, Susan. **Diante da dor dos outros**. Rubens Figueiredo (Trad.). São Paulo: Companhia das Letras, 2003.

SONTAG, Susan. **Sobre fotografia**. Rubens Figueiredo (Trad.). São Paulo: Companhia das Letras, 2004.

SOUSA SANTOS, Boaventura. Introdução: para ampliar o cânone do internacionalismo operário. *In*: SOUSA SANTOS, Boaventura. (Org.). **Trabalhar o mundo**: os caminhos do novo internacionalismo operário. Rio de Janeiro: Civilização brasileira, 2005.

SOUZA, André Portela; CHAHAD, José Paulo Z. Os direitos fundamentais dos trabalhadores, a cláusula social e comércio internacional: o caso do trabalho infantil no Brasil. *In*: CHAHAD, José Paulo Zeetano; CACCIAMALI, Maria Cristina (Org.). **Mercado de trabalho no Brasil**: novas práticas trabalhistas, negociações coletivas e direitos fundamentais no trabalho. São Paulo: LTr, 2003.

SOUZA, Rafael Soares. Qual o valor jurídico das recomendações da Organização Mundial da Saúde? **Revista Consultor Jurídico – CONJUR**, de 14 abr. 2020. Disponível em: https://www.conjur.com.br/2020-abr-27/direito-pos-graduacao-qual-valor-juridico-recomendacoes-oms-pandemia. Acesso em: 1º out. 2021.

SPREMOLLA, Gerardo Cedrola. Negociación colectiva internacional: realidad outopia? **RELASUR – Revista de Relaciones Laborales en América Latina – Cono Sur**. N. 6. OIT/Ministerio de Trabajo y Seguridad Social – España, Montevideo: 1995.

SPYROPOULOS, Georges. El sindicalismo frente a la crisis: situación actual y perspectivas futuras. **RELASUR – Revista de Relaciones Laborales en América Latina – Cono Sur**. N. 4. OIT/Ministerio de Trabajo y Seguridad Social – España, Montevideo: 1994.

STOCO, Rui. **Tratado de responsabilidade civil**: doutrina e jurisprudência. 8. ed. rev. atual. e ampl. São Paulo: Revista dos Tribunais, 2011.

STÜRMER, Gilberto; FINCATO, Denise. Teletrabalho em termos de calamidade por covid-19: impacto das medidas trabalhistas de urgência. *In:* BELMONTE, Alexandre Agra; MARTINEZ, Luciano; MALHADAS, Ney (Coord.). **O Direito do Trabalho na crise da COVID-19**. Salvador: Editora JusPodivm, 2020.

SUPLICY, Marta. Prova de amor. **Jornal Folha de São Paulo**, 03 dez. 2011.

SÜSSEKIND, Arnaldo. **Convenções da OIT e outros tratados**. 3. ed. São Paulo: LTr, 2007.

SZANIAWSKI, Elimar. **Direitos de personalidade e sua tutela**. 2. ed. rev. atual. e ampl. São Paulo: Revista dos Tribunais, 2005.

TALESE, Gay. **A mulher do próximo**: uma crônica da permissividade americana antes da era da AIDS. Tradução de Pedro Maia Soares. São Paulo: Companhia das Letras, 2002.

TAVARES, André Ramos. **Curso de direito constitucional**. 9. ed. São Paulo: Saraiva.

TEIXEIRA FILHO, João de Lima *et al.* **Instituições de direito do trabalho**. 20 ed. São Paulo: LTr, 2002. v. I.

TEIXEIRA FILHO, João de Lima. Negociação coletiva de trabalho. *In:* SÜSSEKIND, Arnaldo *et al.* **Instituições de Direito do Trabalho**. 21. ed. atual. São Paulo: LTr, 2003.

TEIXEIRA FILHO, Manoel Antonio. **Breves comentários à reforma do Poder Judiciário (com ênfase à Justiça do Trabalho)**: Emenda Constitucional nº 45/2004. São Paulo: LTr, 2005.

TEPEDINO, Gustavo. **Temas de direito civil**. Rio de Janeiro: Renovar, 1999.

TOMIZAWA, Guilherme. **A invasão de privacidade através da internet**: a dignidade humana como um direito fundamental. Curitiba: JM Livraria, 2008.

TRABALHO, justiça e sociedade: o olhar da magistratura do trabalho sobre o Brasil do século XXI. Pesquisa realizada entre os magistrados do trabalho do Brasil por contrato entre a Associação dos Magistrados do Trabalho – ANAMATRA e a Fundação Economia de Campinas – FECAMP. Relatório final, Campinas, dezembro de 2008. Disponível em: www.anamatra.org.br. Acesso em: 1º out. 2021.

TURNES, Cassiane Terezinha. **Trabalhador portador do vírus HIV**: quem é o responsável? Monografia (Especialização em Direito do Trabalho) – UNICURITIBA, Curitiba, 2003.

VALENTE, Jonas. Teletrabalho ganha força como alternativa durante pandemia. **Agência Brasil.** Disponível em: https://agenciabrasil.ebc.com.br/economia/noticia/2020-06/teletrabalho-ganha-forcacomo-alternativa-durante-pandemia#:~:text=no%20Sudeste%20Asi%C3%A1tico.,Brasil,como%20pr%C3%A1tica%20agora%20est%C3%A3o%20usando. Acesso em: 1º out. 2021.

VALTICOS, Nicolas. **Derecho internacional del trabajo**. Tradução de Maria José Triviño. Madrid: Tecnos, 1977.

VELLOSO, Carlos Mário da Silva. **Temas de direito público**. Belo Horizonte: Livraria Del Rey Editora, 1997.

VERDU, Pablo Lucas. **Curso de derecho político**. Vol. IV. Madrid: Tecnos, 1984.

VILAPIANA, Tábata. Dória é questionado na justiça por monitoramento de celulares no Estado. **CONJUR** - Consultor Jurídico, de 14/04/2020.

VILLATORE, Marco Antônio César; ALMEIDA, Ronald Silka de (Org.). **As aplicações do Direito de Personalidade ao Direito do Trabalho**. Curitiba: Juruá, 2013. v. 1.

VILLATORE, Marco Antônio César; HASSON, Roland. Análise comparativa da limitação do poder de controle do empregador frente aos direitos à intimidade e à privacidade do empregado sem prejuízo à atividade econômica. *In*: Wagner Menezes. (Org.). **Anais do V Congresso brasileiro de Direito Internacional**. Curitiba: Juruá, 2007.

VILLATORE, Marco Antônio César; MIKOS, Nádia R. C. Poderes do Empregador: do uso ao abuso e suas consequências socioeconômicas.

In: Gustavo Filipe Barbosa Garcia; Rúbia Zanotelli de Alvarenga. (Org.). **Direito do Trabalho e Direito Empresarial sob o enfoque dos Direitos Fundamentais**. São Paulo: LTr, 2015, v. 1.

VITAL, Danilo. Por covid-19, STF amplia julgamento online e permite sustentação virtual. **Revista CONJUR – Consultor Jurídico**, de 18/03/2020. Disponível em: https://www.conjur.com.br/2020-mar-18/stf-amplia-julgamento-online-permite-sustentacao-virtual. Acesso em: 1º out. 2021.

ZANGRANDO, Carlos. **Princípios jurídicos do direito do trabalho**. 2. ed. São Paulo: LTr, 2013.

ZEMPULSKI, Tatiana Lazzaretti. O conflito dos direitos da personalidade no âmbito das relações de emprego tendo em vista o marco civil da internet. *In:* GUNTHER, Luiz Eduardo (Coord.). **O impacto do direito na sociedade do século XXI**. Curitiba: Instituto Memória, 2014. v. II.